KB053202

이공계 파워 업

이공계 파워 업

초판 1쇄 발행 | 2019년 5월 20일

지은이 | 강태식
펴낸이 | 공상숙
펴낸곳 | 마음세상

주 소 | 경기도 파주시 한빛로 70 515-501

출판등록 | 2011년 3월 7일 제406-2011-000024호

ISBN | 979-11-5636-329-3 (03190)

원고 투고 | maumsesang@nate.com

ⓒ강태식, 2019

* 값 13,000원

* 마음세상은 삶의 감동을 이끌어내는 진솔한 책을 발간하고 있습니다. 참신한 원고가 준비되셨다면 망설이지 마시고 연락주세요.

이 도서의 국립중앙도서관 출판예정도서목록(CIP)은 서지정보유통지원시스템 홈페이지(http://seoji.nl.go.kr)와 국가자료종합목록시스템(http://www.nl.go.kr/kolisnet)에서 이용하실 수 있습니다. (CIP제어번호 : CIP2019015514)

이공계 파워 업

강태식 지음

마음세상

내가 이 책을 쓰는 이유

조지 오웰의 '나는 왜 쓰는가? 라는 책에 글을 쓰는 것은 네 가지의 목적이 있다고 했다. 첫째는 순전한 이기심, 둘째는 미학적 열정, 셋째는 역사적 충동, 넷째는 정치성이라고 했다. 그럼 나는 이 넷 중 어떤 이유에서 이 책을 쓰려고 했을까? 굳이 적당한 것을 뽑으려면 정치적인 목적에 있다. 정치적이라고 한다면 다른 말로 내가 아는 것을 세상에 영향을 미치기 위해서다.

큰 어려움 없이 순탄하게 커서 고등학교를 나오고 그 지방에 있는 공과대학을 진학하고, 고향을 떠나 대학교의 전공을 살려 관련 분야에 취직했다. 그리고 회사를 두 번 옮길 때까지 운 좋게도 처음 선택한 전공업무를 계속해 왔다. 여기서 '운 좋다.' 라고 한 이유는 시쳇말로 전공을 살리기가 그만큼 어렵기 때문에 이런 말을 한 것이다. 지금은 또 그 업무가 직장생활이 아닌 조그만 사업을 하는 아이템이 되었다. 회사에 소속이 안 되다 보니 개인적으로 많은 시간이 생겨 대학교에서 지금까지 공부하고 배웠던 분야를 실무 위주로 강의할 기회도 얻었다. 그리고 나랑 비슷한 생활을 하는 후배들에게 내 경험담을 이야기해주고 싶은 마음이 생겼다. 그래서 다분히 정치적이라고 한 것이다.

누가 나에게 이런 조언을 해 줬으면 하는 경우가 많았다.

지금까지 평범한 삶을 살아왔다. 지금까지 인생에서 큰 사건이라는 게 없었고 남들처럼 중학교, 고등학교 때 공부를 좀 해서 취직인 잘 된다는 공과대에 왔다. 군대 갔다 와서 복학하고 수학 때문에 좀 좌절하고, 영어 때문에 도서관에서 주야장천 영어공부를 해댔다. 그러다가 공부를 조금 더하고 싶어서 대학원을 2년 다녔다. 대학 생활을 하면서 어떤 게 정말 중요한지는 교수들이나 선배들에게 들어 본 기억이 별로 없다. 그냥 토익 몇 점이면 어느 기업에 갈 수 있다더라, 전공공부는 평생 따라가니 전공 공부 열심히 하라는 정도다. 지금 생각하면 당연히 그 선배들도 사회 초년생들이 많아서 그 정도 수준에서 조언을 해 줄 수밖에 없었고 교수도 단지 가르치는 일에 충실한 사람들이어서 다른 조언을 해 줄만한 지식이 없었을 것으로 생각한다. 무엇보다도 그때는 지금보다 사회가 역동적이지 않았기 때문에(비정규직, 기간제라는 직업이 널리 퍼지지 않았던 시기) 조언을 받았다고 하더라도 귀에 담아두지 않았을 것이다. 지금은 졸업해도 비정규직이라는 직업군에 들어가기가 쉽다. 또 한 번 비정규직은 계속 비정규직이 되는 사회 구조적인 문제에 우리는 전쟁 같은 생활을 할 수밖에 없다. 오죽했으면 목표가 정규직이 되는 것이라고 하니 어려운 현실임이 틀림없다. 그래서 학교 다닐 때 더 각박하게 열심히만 하는 것일지도 모른다.

2007년 세운 20년 계획 중의 한 부분이었다

2007년 회사를 옮기고 책을 읽던 중 내가 30년 후에는 어떤 사람이 되어 있을까? 하는 질문에 나름대로 적어놓은 계획서가 있다. 75세까지의 계획을 적어 두었다. 많은 계획 중에 책을 5권 이상 쓰겠다는 항목이 있었다. 첫 번째 책은 언제까지, 두 번째 책은 언제까지 이런 식으로 5권을 쓰겠다는 계획표였다. 그걸 2008년 다이어리에 앞장에 붙여두었다. 항상 그렇듯이 계획을 세우면 다른 일이 방해를 하는 법이다. 다른 일에 정신을 쏟느라 그 30년 인생 계획표를 잊고 살았다. 그러다가 2016년 가을에 비전 보드라는 것을 쓰는 기회가 있었다. 향후 3년 안에 내가 이루고 싶은 일을 쓰고 거기에 대한 실천계획을 쓰는 시간이었다. 갑자기 '아! 내가 한참 전에 30년 계획서가 있었지.' 하고 다이어리를 뒤졌다. 그리고 그 내용을 다시 한 번 읽어보았다. '아! 40대 초반에 책을 한 권 쓴다.'는 목표를 가지고 있었구나. 이 책을 쓰게 된 결정적인 계기다.

기회가 되어 대학교 강의를 맡게 되었다. 강의하면서 자기의 인생 목표가 없는 학생들을 보고 '공대를 먼저 졸업하고 관련 분야에서 일해 왔던 인생 선배로서 그 부분에 대한 책을 써보자.'라는 생각이 들었다. 넓은 대상이 아닌 한정된 대상으로 책을 쓴다면 좀 더 빨리 쓸 수 있지 않을까 하는 마음도 들었다.

이 책은 그렇게 태어난 것이다. 이공계 학생들, 정말 좁은 대상일지 모르겠지만 내가 지금 당장 영감을 줄 수 있는 대상이다.

결국은 꿈을 잃지 말자.

지금 어떤 위치에서건 사람은 항상 꿈을 꾼다. 어렸을 때 꿈과 비교해서 대학생의 때의 꿈은 다르고 더 좁아질 수 있겠지만 어쨌든 사람은 그때그때 장래의 자기의 모습을 그린다. 그렇기 때문에 학생 때 그 지겹고 어려운 공부에 시간을 많이 투자한다. 그 꿈이 이루어지기를 바라지만 본인이 처한 변화무쌍한 사회 현실 안에서 낙담하기도 하고 꿈을 바꾸기도 한다.

이 책에서 한결같이 말하고 싶은 주제가 바로 이것이다. 인생을 너무 어렵게 보지 말고 내가 잊었던 꿈을 다시금 한번 생각하고 생활하자는 것이다. 이것이 지금까지 내가 살아왔던 길지 않는 인생에서 후배들에게 알려주고 싶은 주제다.

내가 강의 중 후배들에게 줄기차게 말하는 것은 '작지만 소박한 어떤 꿈이 있어야 어떤 불안정한 상황이 나에게 닥쳤을 때 좌절하거나 포기하지 않는다.'이다.

앞에서 언급한 것처럼 이 책은 이공계생, 공대생을 대상으로 썼다. 미흡한 책이지만 이 책을 읽고 본인의 꿈을 다시 생각해 봤으면 하는 바람이다. 공부도 중요하지만, 무엇보다도 꿈을 세우고 그 꿈에 대한 목표를 세우고 천천히 실천하는 게 가장 중요하다. 지금 본인이 어떤 것을 시작했을 때는 '그 분야 공부가 아니라 그 분야에서 뭘 할 것인가?' 를 먼저 세우는 것이다. 그래야 무작정 공부가 아닌 목적이 있는 공부를 하고 본인이 원하는 목적도 달성할 수 있다.

이 책은 3부로 구성하였다. 첫째는 내가 자주 학교 후배들에게 강의하는 꿈과 목표 설정이라는 부분이다. 이 부분에 대해서는 경험상 신입생과 군대를 갔다 온 복학생들이 제일 의미있게 다가오는 부분들일 것이다. 두 번째는 내 개인적으로 이공계생으로서 꼭 이것만은 했으면 하는 부분에 대한 것이다. 공부하는 방법이나 대학 생활에 관한 부분은 다른 많은 책에도 소개되어 있어 개인적이지만 꼭 필요하다고 생각되는 부분을 다뤘다. 세 번째는 첫 회사 생활에서의 마음가짐이다. 더도 말고 덜도 말고 회사에 처음 들어간 사람으로서 회사에서 꼭 했으면 하는 부탁을 담았다. 아무쪼록 재미있게 읽히고 가끔 들춰보고 싶은 그런 책이었으면 하는 바람이다.

제1부
울타리를 들어와서

우리는 대학에 왜 왔는가?

2017년 2월 13일 자 동아일보를 보면 2016년 대학 진학률은 전국적으로 69.8%였다. 2007년 77.8%를 정점으로 꾸준히 떨어지고 있다고 한다. 떨어지고 있다고는 하지만 아직도 10명 중의 7명은 대학을 다니는 셈이 된다. 이렇게 많은 학생이 대학에 온 목적이 뭘까? 내가 학교에서 학생들에게 물어본 질문이었다. 대부분 학생의 대답은 '그냥 남들이 가니까.' 또 '회사 다니려면 대학을 나와야 하니까.' 라는 답변이 나왔다. 참으로 현실적인 대답이다. 대학을 나와야 그래도 사회에서 보통은 한다는 생각이 한국 사회에서의 통념이다. 그런데 대학 나와서 회사에 간다고 해서 맡겨진 업무의 질이 높은 것도 아니고, 이공계를 나왔다고 첨단기술을 다루는 직장에 들어가는 것은 '하늘의 별 따기' 다. 직장인이라는 것은 수동적으로 생각하면 그냥 회사마다 시스템 안에서 한 달 한 달 살아가고 월급을 받는 것이다. 그러다가 업무가 적성에 안 맞는다는 이유로 또는 대학까지 나왔는데 이렇게 조그만 회사에서 이런 허드렛일이나 하면서 살고 싶지 않다고 이직을 한다. 그렇지만 회사만 다를 뿐 똑같은 시스템에서 반복적인 생활을 하게 된다. 졸업한 많은 사람도 이렇게 생활한다. 적어도 이런 사람들 부류에 포함되지 않기 위해서는 이제 대학에 온 목적을 다른 방식으로 생각해 봤으면 한다.

대학은 학문의 전당이라는 말에 속지 마라

대학이라는 단어를 사전에서 찾아보면 '최고급의 공공 교육 및 연구기관'이라고 나와 있다. 최고급이라는 문구가 마음에 걸리지만, 교육 및 연구기관이라는 문구는 맞는 말이다. 고등학교를 졸업하고 대학에 와서 새로운 것은 많이 접하는 것은 맞지만 엄청난 학문을 배우는 것은 아니다. 그냥 고등학교 때처럼 열심히 하면 따라갈 수 있을 수준이다. 새로운 신기술이 대학에 과정으로까지 오기에는 상당한 시간이 걸리기 때문에 대학교 수업은 상당히 고전적인 면을 가지고 있다. 내가 학교에 다닐 때나 지금이나 같은 과목에 같은 교재로 수업을 한다. 내가 배운 기계공학은 밖에서는 새로운 기술을 만들지만, 학교에서는 아직도 고전적인 원리를 가르치는 학과다. 모든 것은 고전 학문에서 하나하나 가지를 뻗어 나가는 것이고 이것을 알아야 나중에 다른 아이디어가 생긴다.

학문의 전당이란 단지 최고의 연구기관이라는 말이 아니고 다양한 학문에 대한 전문적인 고민을 통해 이 사회에 필요한 흐름을 만들어내는 곳이다. 또 대학을 졸업한 사람들이 각자 사회적 책임감으로 창의적인 생각과 비판적 사고를 하게 하는 곳이다. 이것이 초기 대학의 설립 취지였다. 그런 의미에서 본다면 내가 대학을 다닌 90년대도 지금 대학도 학문의 전당은 아니다.

대학은 기술 양성소도 아니다

그렇다고 기술 양성소라하기도 힘들다. 기술 양성소란 우리 머릿속에 기술을 배워 현장에서 바로 쓸 수 있는 기술을 가르치는 곳인데 대학이 그런 역할을 하지는 않는다. 기능이라는 분야가 제한되어 있고 대학은 기본적으로 이론을 교육하고 있기 때문이다. 공과대만 보더라도 실습이라는 과목은 있지만, 기능 교육을 가르치는 것이 아니라 이론을 검증하는 실험 위주로 수업을 한다. 자동차과를 나왔다고 자동차를 고칠 수는 없다. 자동차의 전반적인 원리와 메커니즘을 배우지 자동차 정비를 배우는 것은 아니다.

대학은 나를 알아가는 장소다

대학은 누가 나에게 뭐해라, 어떻게 하라 하고 가르쳐주지 않는다. 그냥 본인이 알아서 찾아야 한다. 공부로 말하면 '자기주도 학습'을 해야 한다. 전공과목도 책이 두꺼워서 다 배우지도 못한다. 그냥 대강 중요한 것 아니면 교수 본인이 알고 있는 내용만 가르치고 넘어간다. 필요하면 본인이 직접 공부하고 찾아봐야 한다. 극단적으로 학교에서 배운 것이 밖에 나오면 아무것도 쓸모가 없는 경우도 있다. 결국은 본인이 얼마나 하느냐, 얼마나 본인이 좋아하는 것을 찾아가느냐에 따라 인생이 달라진다.

대학은 나를 알아가는 장소다. 대학은 본인에게 자신을 알아가는 시간이 주어진 시간과 공간이다. 또한 순수하게 친구들을 만나고 사회를 좀 떨어진 시각에서 볼 수 있는 마지막 시기다. 고등학교까지는 대부분 시켜서 하는 공부를 하다 보니 자기만의 시간이 없었다. 그러나 대학은 다르다. 내가 원하는 과목을 신청해서 들을 수 있고, 시간도 내 마음대로 정할 수 있다. 그런 자유의 반대 면은 대학은 공부도, 시간도 모두 온전히 자기 자신이 책임을 져야 한다는 것과 같은 말이다.

잘해도 내 탓 못해도 내 탓인 것이다. 내가 나를 알아야만 자기 자신에 대한 책임을 질 수 있다. 내가 좋아하는 것, 내가 싫어하는 것, 내가 잘하는 것, 내가 못하는 것 등을 본인 스스로 찾아봐야 한다. 스스로 찾을 수 없다면 주위 사람에게 도움을 청해서라도 찾아야 한다. 그래야 내가 원하는 삶을 살 기회가 생기는 것이다. 사회에 나가기 전 이런 것들을 찾기 위해 마지막으로 대학이라는 4년의 세월이 나에게 주어졌다고 생각해야 한다. 당연히 쉽지는 않다. 그래도 최우선으로 진짜 내가 어떤 사람인가를 먼저 알아야 자기를 존경하는 자존심이 생기고 열등감을 극복할 수 있다. 어떤 방법을 써서라도 나를 알아야 한다. 특히 내가 좋아하는 것, 내가 잘하는 것이 어떤 것인지를 알아가는 노력을 하라고 권하고 싶다. 그것이 나를 미래로 이끌어줄 원동력이 될 것이다. 실패해도 다시 일어날 수 있는 기반이 되는 것이다.

대학은 꿈을 꾸기 위한 장소다

어렸을 때 우리는 누구나 꿈을 가지고 있었다. 그런데 어느 순간 잊어버렸다. 고등학교 때는 더더욱 공부하느라 다른 것에 신경 쓸 겨를이 없었을 것이다. 대학은 적어도 4년간의 꿈을 꾸는 시간을 주어졌다고 생각하자. 아니면 잊었던 꿈을 다시 꺼내 보는 기간이라고 생각하자. 우선 도전해 보고 힐끗 마음이 가면 그 분야를 공부하라고 나에게 주어진 기간이라고 생각하자는 것이다. 열심히 공부하는 것도 중요하지만 가장 중요한 건 내가 뭘 원하는지를 아는 것이다. 내가 지금 이 학과에 왔는데 이것이 내가 원하는 분야인지도 한번 다시 생각해 보는 것도 중요하다. 진짜로 내가 하고자 하는 것과 완전히 다른 방향이라면 다시 시작해야 할지도 모른다. 그렇지만 내가 이 자리가 본인에게 맞는다면 더 열심히 할 수 있는 동기부여를 할 수 있다. 대학은 이렇듯 내가 잊었던 꿈을 꺼내 보고 실행 착오라도 한번 해 보는 시간이다.

공부는 왜 하는가?

좋든지 싫던지 간에 한국 학생은 대부분 공교육을 받는다. 학교에 다닌다는 말이다. 사람들은 세상이 하루가 다르게 변하고 있다고들 한다. 내가 대학 다닐 때만 해도 컴퓨터는 하드디스크가 없는 플로피 디스켓으로 구동되는 시절이었다. 그저 게임 정도나 하는 값비싼 오락 기계 정도였다. 그러나 지금은 컴퓨터 없이는 아무것도 못 하는 시대가 되어 버렸다.

라이트 형제가 기계를 만들어 1분 정도에 50m 날아가는 게 최초의 비행기였다면 지금의 비행기는 한 번에 14시간 이상 날 수 있을 정도로 엄청난 발전을 했다. 다른 어떤 도구도 마찬가지다. 처음 발명할 때에는 상상하지도 못한 발전을 이루었다.

그러나 거의 바꾸지 않는 시스템이 있다. 그것은 학교 교육이다. 네모난 공간에 책상이 앞을 보고 배치되어 있고, 그 책상에는 저마다의 주인인 학생들이 있다. 선생님이 앞에 서서 가르치고 학생은 손을 들고 발표한다. 칠판에 쓰고 또 외우게 한다. 지금이야 조금 달라졌다 하지만 그래도 별반 차이는 없다. 조선 시대 서당 그림을 봐도 그렇고, 내가 학교 다닐 때 콩나물시루 같은 학교도 그렇고, 지금도 학생 수만 줄었지 비슷하다. 굳이 다른 점을 찾아내자면 분필이 컴퓨터나 빔프로젝터로 바뀌었다는 것뿐이다. 그렇게 보면 학교 교육이라는 것은 '어떻게 하면 인생에 유익한 지식을 얻을 수 있느냐' 하는 공부 방법을 가르쳐 주는데 지나지 않는다.

이런 왜 공부를 하는 걸까? 곰곰이 생각해 보자. 돈 벌려고 하는 것도 아닌 것 같고, 공부하면 돈 많이 버는 것 같지도 않은데, 왜 우리는 공부를 하는 것일까?

거기에 우리는 이공계라는 분야를 공부하는데, 이거 과정 자체가 만만치 않다. 많은 수학식에, 전문 단어는 영어로 되어 있다. 전공 책이라고 하면 보통 500페이지 심지어는 1,000페이지가 넘는 책도 있다. 열심히 했는데 졸업하면 써먹을 때가 없는 경우도 허다하다.

공부는 의심을 증명할 수 있는 능력이다

공부한다는 것은 어떤 것을 의심 할 수 있는 능력을 키우는 것이다. 간단한 예로 1+1이 꼭 2가 아닐 수도 있다는 말을 많이 들었을 것이다. 산술적으로는 당연히 2지만 세상은 2가 아닌 경우가 많다.

어떤 의심 많은 사람이 2가 아닌 수도 있다는 생각을 한 것이다. 이런 사람들이 세상을 바꿨다. 코페르니쿠스는 '지구가 우주의 중심이 아닌 태양이 중심이다.' 라는 지동설을 주장했고 단지 사과하나 떨어지는 것을 보고 의심을 품은 뉴턴은 '만류 인력'이라는 것을 생각해서 세상의 흐름을 바꿨다.

그래도 해결되지 않는 자연현상은 드디어 아인슈타인이라는 사람이 '상대성 이론' 이라는 것으로 과학사를 바꿔버렸다. 모든 처음은 의심이었다. 재미

있는 것은 뉴턴이나 아인슈타인은 그 시대의 과학자였고 대학교수였다. 일반적인 사람은 의심으로만 끝났을 법한 일을 그들은 증명했다. 이게 공부하는 첫 번째 이유다. 의심을 증명할 수 있는 능력이다.

정보의 바다에서 선택할 수 있는 결단력을 준다

책만으로 살아가는 시대가 아닌 매스컴이나 인터넷 뉴스 심지어는 어떤 사건을 왜곡해서 보도하는 가짜뉴스라는 것까지 판치는 세상이다.

정확한 기준이 없고, 그냥 생각나는 대로 올리고 보는 그런 정보의 홍수인 시대다. 또 책을 보고 싶어도 엄청난 많은 책이 쏟아져 나와 뭘 봐야 할지도 고민해야 하는 시대다. 여차하면 그냥 시대 조류에 쓸려갈 수도 있다. 의심만으로는 가고자 하는 방향을 알 수 없다.

합리적인 의심과 선택과 집중하는 결단력이 필요하다. 이 결단력 또한 공부하지 않고서는 생기지 않는다. 어떤 공부를 하는 것이 중요한 게 아니라 항상 열린 생각과 여러 분야를 접해봐야 충분한 비판과 자신만의 결단력을 가질 수 있다.

공부는 해답을 찾는 것이다

사지선다형 문제는 답이 있었다. 사지선다형 문제가 도입된 이유는 산업 사회에서 빨리 정답을 찾는 능력을 기르고 그것을 통해 바로바로 실전에 적용하려는 시도였다고 하는데, 어느 정도 일리 있는 말이다.

지금은 주관식도 많고 서술형 답안도 많다. 정답이 하나가 아니라는 것 알려주려는 방법이라고 생각된다. 정답과 해답 차이가 뭘까? 단어적 차이는 답이 하나뿐인 것을 정답, 하나가 아닌 여러 개가 있는 것을 해답이라고 말하고 싶다.

회사 일을 하면서 후배들에게 하는 말이 있다. 지금 진행하고 있는 프로젝트는 정답이 없다. 어떻게 접근하느냐에 따라 결과가 나오는 해답만 있을 뿐이다. 지금 이 문제를 해결했던 방식으로 다른 문제를 해결할 수는 없다. 다시 말해서 지금의 해결책이 정답이 아닌 해답이라는 말이다.

모든 게 해답을 찾는 과정이다. 정답은 열심히 외워서, 또는 공식에 대입해서 문제를 풀어 답을 구하는 과정이지만, 해답은 독창적인 생각에 기반을 둔 풀이 과정이다. 인생을 조금 살아본 사람들에게 물어보면 거의 다가 공감할 것이다. 자기 생각대로 세상은 절대로 흘러가지 않는다는 것이다. 공부는 이 해답을 찾는 데 도움을 준다. 적어도 머릿속에 든 것만큼 해답을 찾는 방법은 여러 가지일 것이고, 답도 여러 가지로 얻을 수 있다.

평생 공부는 '평생 어떤 문제에 대한 해답을 찾는 과정'이다.

공부는 인생을 살아가는 지혜를 얻는 것이다

세상은 별의별 사람들이 많다. 나와는 다른 사람들이 많다는 것이다. 나쁜 사람, 좋은 사람이라고 이분법적으로 보는 관점을 나와는 다른 사람이라 생각하는 게 세상을 살아가는 방법이다. 나와는 다른 사람과 살아가는 방법을 배우는 것이 인생을 행복하게 살아가는 길이라면 그 길을 안내하는 안내자는 바로 공부다. 내 전화기에 입력된 친구 150여 명이 아닌 다른 많은 사람과의 관계는 더더욱 쉽지 않다. 상처를 받고 또 내가 상처를 주기도 한다. 공부는 그것을 어떻게 최소화할 것이며 어떻게 해결해 나갈 것일까 하는 지혜를 준다.

꿈을 가지고 있는가?

한국에서는 대체로 15세~29세 나이대를 청소년과 청년이라고 한다. 이 청소년과 청년 중 2016년 니트족이 120만 명이 넘을 것이라고 추산된다는 기사를 본 적이 있다. 니트족이란 NEET(neither in employment nor in education or training)라는 말이다. 알기 쉽게 풀어보면 직업을 갖지 않고, 교육 중이거나 직업 훈련도 받지 않는 상태를 말하는 것이라고 한다. 쉽게 취업할 의지가 없는 사람이다. 이런 사람들은 취업할 생각이 없기 때문에 실업통계에도 잡히지도 않는다고 하니 이런 니트족을 합치면 한국의 실업률은 훨씬 더 높아진다. 니트족이 늘어나는 이유가 재미있는데 첫 번째가 노는 것이 좋아서 두 번째가 마땅한 일자리가 없어서 세 번째가 하고 싶은 게 없어서였다. 왜 이런 현상이 발생할까? '노는 것, 일자리가 없는 것, 하고 싶은 게 없다'는 것은 달리 생각하면 학창 시절부터 꿈이 없기 때문이라고 말할 수밖에 없다. 자기가 하고 싶은 것이 딱히 없기 때문에 그냥 자포자기인 상태이고, 돈이 필요하면 그만큼만 아르바이트를 해서 번다. 어느 정도 돈이 모이면 다시 자기만의 공간으로 숨는 것이다. 그냥 하루 벌어 하루 사는 셈이다. 사회적인 문제라고 말할 수도 있겠지만 개인적으로는 목표라는 것이 없기 때문에 나타나는 현상이다.

헬렌 켈러는 "세상에서 가장 불쌍한 사람은 두 눈으로 볼 수는 있지만 꿈이 없는 사람이다." 라는 말을 했다. 꿈이라고 하면 어떤 생각이 나는가? 꿈은 그저 꿈일 뿐인가? 아니면 이룰 수 있는 가망은 있는가? 국어사전에는 '꿈'이라는 게 두 가지로 정의되어 있다. 하나는 잠자는 동안 생시와 마찬가지로 여러 가지 현상을 느끼는 착각이나 환상이라는 정의와 두 번째 실현될 가능성이 희박하거나 전혀 없는 허무한 바램이라는 것이다. 당연히 우리는 지금 두 번째 정의가 머릿속에 떠오를 것이다. 지금 자기의 꿈을 이루려고 노력하는 사람은 사전적인 의미처럼 전혀 가망성이 없는 허무한 바램을 이루겠다는 사람보다는 희박하지만 할 수 있다고 생각하는 사람이다. 사전적 의미처럼 가능성이 희박하기 때문에 꿈을 이루는 사람도 희박할지도 모른다. 우리는 어렸을 때 어른들에게서나 학교에서 장래희망이 뭐냐는 질문을 받았을 것이다. 거기에 답을 하기 위해 많은 희망 가운데 멋있게 보이는 돈을 많이 벌 수 있을 것 같은 남들의 존경을 받을 수 있을 것 같은 것들에서 각자 생각해 그 중에 하나를 적었을 것이다.

그러나 거기까지가 전부였다. 그 다음은 그것을 이루기 위해서 어떤 행동을 하고 있는가에 대해 누가 물어보지 않는다. 그러다 보니 자연히 우리는 어렸을 때 꿈을 잊어버렸다. 그러다가 대학에 들어왔고 취업이 잘된다는 이유로 이공계 분야를 선택했다. 그리고 남들과 같이 어려운 전공 공부와 외국어에 목숨을 걸면서 4년 이상을 학교에 다닌다. 그리고 운 좋게 전공과 관련된 곳에 취직했으면 좋겠다는 기대를 한다. 나 또한 그랬다. 글을 쓰면서 과거를 생각해 봤다.

'나는 어렸을 때 꿈이 뭐였을까?'

우선 꿈은 '내 열정을 일으키는 힘' 이다

초등학교, 중학교 때까지는 많은 꿈이 있다. 어쩌면 많은 꿈들 속에서 무엇이 좋을까 하고 저울질하는 그런 시기니 꿈이 많은 것은 당연하다. 그러다가 점점 그 꿈이 좁아지거나 없어진다. 고등학교 때는 많이 좁혀져 있는 상태다. 그리고 대학에서는 어떤 것을 공부할 것인가에 대한 선택의 시점에 있어서 거의 한두 방향으로 설정이 되어 있다.

우리가 왜 지금 공부하는가를 생각해보자. 그것도 이공계 전공이란 분야는 수학식으로만 채워져 있고 거기에다가 두껍기까지 한 책을 왜 공부할까? 과감히 말하건대 그것은 지금 당장 일이 힘들더라고 이 일을 끝내면 나에게 더 나은 미래가 올 것이라는 믿음을 갖고 있기 때문이다. 그런 믿음이 우리들을 지금도 도서관에서 붙잡아 두는 것이 아니겠는가?

내 이야기를 해 보면 직장 때 어떤 일을 해결할 때는 날을 새며 고민하고 다시 실험해 보고, 밥을 먹을 때나 길을 걸어갈 때나 그 문제를 어떻게 해결할 것인가에 매달린 적이 있다. 왜 이리 열심히 하느냐고 하면 '그냥 내 일이니까' 하고 넘겨버렸지만, 그 속에는 이런 열정이 있었다. '이것만 해결하면 다음에는 이런 일은 단번에 할 수 있다. 조금만 더 해 보자.' 라는 믿음이 있었다. 그런 경험이 하나하나 쌓이면서 이 자리까지 온 것이다. 지금 이 시점에 우리는 자신에게 열정을 일으킬 만한 어떤 것을 찾았는가?

참고 기다리고 어려움을 이겨낼 만큼 좋아하는 일이다

많은 꿈 중에 최고의 조합은 잘하는 일을 하면서 좋아하는 일을 하는 것이다. 만약에 최상의 이 두 가지의 교집합이 없다면 차선책으로 본인이 좋아하는 일을 찾는 것이다.

그러면 참고 기다리고 어려움을 이겨내는 힘이 생긴다. 내가 지금 어떤 것을 좋아하는지를 찾아보는 것이 중요하다. 천천히 레이더를 펼치고 찾아보자. 분명히 뭔가가 자기가 좋아하는 뭔가가 있다. 꿈을 말할 때 본인이 꾸는 꿈을 향해 살아가는 그 과정 자체를 사랑했던 작가 '어린 왕자'를 쓴 생텍쥐페리를 빼놓을 수 없다. 밤하늘을 너무 사랑해서 비행기 조종사가 되고 싶어 했다고 한다. 전쟁 중에서도 비행기에 우편물을 실어 밤하늘을 날았고 땅에 있을 때는 밤하늘을 보며 글을 썼다고 한다. 그래서 드디어 어린 왕자가 완성된 것이다. 어려움이 있어도 본인이 좋아하는 것을 하고자 하는 것이 꿈을 이루는 것이다.

20년 후의 나의 모습을 적어보자

지금 나이를 생각해 보자. 신입생은 신입생에 맞는 꿈이 있을 것이고 졸업을 앞둔 학년은 어렸을 때 생각했던 꿈을 좇아 이루어가고 있는 꿈을 포함해서 변화된 꿈을 가지고 있을 것이다. 이제 자신만의 꿈을 적어 두는 노트나 꿈의 목록을 만들어 보자. 20년 후의 본인의 모습을 지금이라도 만들어 보자.

우선 20개만 생각해 보자. 거창한 것까지는 생각하지 말고 그냥 자기가 원하는 것이나 되고자 하는 것을 적어본다. 20가지 정도를 정리해서 다시 정서하던지, 컴퓨터로 타이핑해서 지갑이나 1년짜리 다이어리 제일 앞쪽에 붙이고 아침마다 읽어본다. 읽으면서 진짜 내가 현재 그 위치에 있는 것처럼 상상하면서 미소를 지어보자. 하루가 또 하루가 새롭게 느껴질 것이다.

꿈은 현재형으로 적어라

꿈을 현재형으로 적으면 아직 시작도 안 했지만, 본인은 다 이루었다는 느낌을 주고 결국은 그것은 자신감으로 이어진다는 장점이 있다. 그럴싸한 꿈도 좋지만 내가 지금 하고 싶은 것, 갖고 싶은 것, 되고 싶은 사람을 생각하면서 적어보고 시간이 날 때마다 펼쳐 보길 바란다.

예를 들면 '나는 100억을 벌겠다.' 라는 미래형보다는 '나는 100억을 가진 사람이다.' 라는 방식으로 현재형으로 적어 놓아야 한다. 나는 2007년 두 번째 직장에 가서 적어 놓은 인생 목표가 있었다. 20여 가지 되는 목표였다. 단지 그 당시에는 미래의 희망을 적어 놓은 '~일 것이다.' '~이 될 것이다.' 라는 미래형이었지만, 그것들을 몇 년 후에 모두 현재형으로 바꿨다. 어떤 책을 읽다가 현재형으로 바꾸는 것이 더 성공할 확률이 높다고 말한 구절을 봤기 때문이다. 그 20개의 목표를 10년 후에 펼쳐 봤을 때는 신기하게도 80% 이상이 이루었거나 지금 이루기 위해서 지금 실천하고 있다는 것을 알았다. 20가지 중의 3가지는 이미 이루었고, 13가지는 지금 이루어 가고 중이다. 이왕 꿈을 적으려면 처음부터 현재형으로 적으라고 항상 후배들에게 말한다. 분명히 5년 10년이 지나면 많은 것들이 이루어져 있을 것이다. 본인이 승리자라고 믿으면 승리자처럼 말하고 행동한다. 그것들이 습관이 돼서 나중에는 승리자가 되는 것이다.

다른 사람에게 의미 있는 꿈을 갖자

이 말은 막연한 미래형에서 최종적으로는 다른 사람에게 의미가 있는 꿈으로 발전시켜보라는 의미다. 우리가 꿈을 세울 때는 나에게 의미 있는 꿈인 동시에 이것을 이룸으로써 다른 사람에게도 의미가 있는 꿈이어야 한다. 그래야 원대한 꿈이 될 수 있고 내가 사회에 기여할 수 있는 부분이 있구나하고 더 많은 동기부여가 될 수 있다.

꿈을 적어보라고 하면 처음에는 개인적으로 성공한 모습을 적지만 그것을 다듬다 보면 그 일이 직간접적으로 남에게 도움이 되는 꿈을 적는다. 한마디로 남을 위한 꿈을 적는다. 그것이 일반적인 사람 마음이다. 예를 들면 '나는 100억을 벌겠다.' 보다는 '나는 지역사회에 기여하는 100억을 가진 사람이다.' 라고 적는 것이다. 두 번째 문구가 더 동기부여가 되지 않는가? 다이어트도 마찬가지다. '다이어트를 해서 모델이 되겠다.' 보다는 '모델이 돼서 내 주변을 위해 우리 사회를 위해 어떤 일을 하겠다.' 라고 적어보는 것이다. 그것이 다른 사람을 위한 꿈이고 본인에 더욱더 동기부여가 되는 방법인 것이다. 이제 꿈은 내가 이루면 내 자신에게 도움이 되고 게다가 다른 사람에게도 유익한 꿈을 적어보는 것으로 자신에게 확실한 동기부여를 해 보자. 결국 꿈이라는 것은 그걸 이룸으로써 내 존재의 가치가 인정되는 것이다. 그리고 나중에는 이 꿈으로 인해 가치 있는 삶을 살았다고 말할 수 있다.

꿈은 혼자서 이루지 못한다

우리는 꿈이라면 자기 자신이 이루고 싶은 것으로 생각하기 쉽다. 이 말은 절반은 맞고 절반은 틀린 말이다. 본인이 어떤 꿈을 이루고자 했을 때 혼자서 그 꿈을 이룰 수 있을까? 자신의 인생은 계획하는 것은 혼자서도 가능한 일이지만 그 계획을 실천하는 데는 부정적이든 긍정적이든 반드시 내 주위 환경과 수많은 관계 속에 있다. 그러기에 사람과의 관계가 중요하고 배려가 무엇보다도 중요하다고 무수한 책들이 말하고 있다. 내 목표는 내가 이루어 가려고 노력해야 하지만 서로 간의 도움을 청할 때는 청하고 도움을 줄 때는 주는 그런 관계 속에서 이루어지는 것이다. 사람이 살아가는 것은 모두 관계 속에서 이루어지는 것임을 명심해야 한다. 독불장군은 없다. '천상천하 유아독존'이라는 말은 세상에 부처님만 할 수 있는 말이다. 나 혼자보다는 남과 같이 간다는 생각으로 살아야 하고 심지어는 나중에 남들이 나를 도와 내 꿈을 이루게 할 수도 있다는 생각을 가져야 한다.

만다라트를 작성하라

계획은 어떤 방법이든 자신이 마음에 드는 형식으로 만들어도 되지만 경험상 만다라트라는 양식이 제일 간단하면서도 자세히 적을 수 있는 양식이다. 2018년 메이저리그에서 100년에 한 번 나올까 말까 하는 괴물 선수가 나타냈다. 일본 선수인 오타니 쇼헤이다. 이것을 두고 사람들은 '이도류'라도 한다. 원래 이도류는 검도에서 칼을 한 손에 한 개씩 두 개를 쓰는 사람을 말한다.

이것이 야구에서 타자도 잘하고 투수도 잘하는 선수를 일컫는다. 다분히 일본에서 만들어진 말이다. 메이저리거인 베이브루스에 이어 100년 만에 나타난 투수도 타자도 발군인 오타니가 학생 때 작성했던 만다라트라는 계획표가 있다. 가로 3칸 세로 3칸을 잡아서 가운데 자신이 꼭 이루고 싶은 핵심목표를 적고 나머지 8칸에 그것을 이루기 위한 구체적인 세부목표를 적는다. 그 8개의 세부 목표를 이루기 위해 더 세부적인 실천방안을 8개씩 또 적는 방법이다. 단순히 나열식이 아닌 이 방법은 시각적으로 깔끔해서 보기에 좋다. 보기에 좋다는 말은 언제라도 꺼내서 볼 기회가 많다는 것이다. 적어두고 마는 것이 아니라 계속해서 볼 수 있는 그런 계획표인 것이다. 나도 개인적으로 많은 방식의 계획표를 만들어 봤지만, 이 만다라트가 제일 효과적이었다. 인터넷을 검색해보면 작성법이 나와 있으니 꼭 한번 작성해 보길 권한다. 그리고 위에서 말했던 것들을 다 넣어서 본인의 만다리트를 만들어라.

'20년 후에 무엇이 되어 있을까?' 하고 생각하는 것이 어떤 사람은 '그게 이루어지겠어?'라는 의문을 품을 수도 있다. 그렇지만 내 경험상 이루어지고 안 이루어지고는 부차적인 문제다. 20년 후의 본인의 꿈을 적어보는 것만으로도 충분히 자기 자신의 미래를 고민했다는 증거고, 마음속에서 내가 뭘 원하는지를 알 기회다. 무엇보다도 그것을 이루고 싶어 하는 간절한 마음을 가질 수 있다.

자기가 좋아하는 것을 찾아라

인생을 살면서 어떨 때 가장 큰 만족을 느낄까? 그것은 본인이 어떤 것을 좋아해서 그것을 이루려고 노력하고 마침내 이루었을 때일 것이다. 나는 항상 학생들에게 '좋아하는 것이 뭐냐?' '지금까지 얼마나 그것에 대해 시간을 할애했는가?' 에 대해 적어보라고 한다. 좋아한다는 것은 뭘까? 그냥 어떤 것에 막연히 끌리는 것은 좋아하는 것이 아니다. 그냥 좋게 보여서 따라 해본 것일 뿐이다. 좋아한다는 것은 내 것을 포기해 가면서 다른 것에 대한 애착이다. 다른 말로 하면 포기하는 것에 대한 미련 없이 내가 할 수 있는 것이 있다면 그게 바로 내가 좋아하는 것이다. 좋아한다는 것은 그것 때문에 나중에 성공하면 더없이 행복한 것이고 실패해도 좋아했으니 그걸로 만족할 수 있어야 한다. 1만 시간의 법칙에 의하면 어떤 일을 잘한다는 것은 기본적으로 1만 시간 이상이 필요 하다고 한다. 그것은 자기 분야에 적어도 10년 정도의 노력이 있어야 가능하다는 계산이 나온다. 10년이라는 긴 시간을 그럭저럭 보내면서 대강 잘할 것인지, 본인이 좋아하는 일을 찾아서 잘할 것인지는 10년 후에는 결과가 하늘과 땅 차이다. 그것은 인생을 수동적으로 가느냐, 적극적으로 가느냐의 차이다.

좋아하는 것은 경험과 심사숙고해서 찾는다

그냥 어떤 것에 마음이 끌린다고 좋아하는 것이 아니다. 그건 충동일 뿐이다. 본인뿐만 아니라 남들도 다 그런 충동을 느낀다. 남들도 다 하는 것에서 직업을 가지고 그 분야에서 성공하려면 이론적으로는 남들보다 더 열심히 해야 한다. 그래야만 가능성이 더 높다. 퇴직 후 너나 나나 커피 전문점이네, 치킨집을 연다고 한다. '나는 다르겠지.' 라고 시작을 했지만, 막상 돈을 버는 사람은 거의 없다. 있다면 체인점을 운영하는 모기업일 뿐이다. 그래도 그나마 그 속에서 돈은 버는 사람은 남들보다 엄청난 노력을 한 몇 사람뿐이다.

좋아하는 것은 경험에서 찾아야 한다. 지금은 당장 학생 신분이라 네트워크가 좁을 것이지만, 그래도 그 상황에서도 본인이 좋아하는 것을 찾기 위해 열심히 문을 두드려 봐야 한다. 강연회나 인턴십 등을 이용해서라도 꾸준히 찾는 노력을 해야 한다. 좋아하는 게 아직 없다면 진짜 내가 원하는 게 뭔지를 심사숙고해봐야 한다. 예를 들면 내가 동물을 좋아하는데 그중에 개를 좋아한다든지, 내가 운동을 좋아하는데 그중에서 마라톤이나 사이클을 좋아한다던 지와 같이 하나하나 뜯어서 고민해 봐야 한다.

본인이 좋아하는 것이 분명히 하나 정도는 있을 것이다. 내가 어떤 것을 포기하고도 나중에 보상심리 없이 후회하지 않을 어떤 것, 그것이 본인의 인생을 살아나갈 끈이다. 아직 좋아하는 것을 찾지 못했더라도 아직 실망할 필요는 없다. 좋아하는 것도 타고나는 것보다는 시간이 흐르면서 드러나는 경우가 대부분이다. 그렇기 때문에 경험에서 찾아야 한다는 말이다.

신림동 유명 강사에서 충남대 로스쿨 교수를 거쳐 전통주를 빚는 전통주

조 '예술' 정회철 대표가 있다. 서울대 법대에 입학한 그는 소위 '운동권'이었다. 2학년 1학기를 마치고 제적당했다. 이후 노동운동, 구속 등 우여곡절 끝에 특례 재입학제도라는 법이 생겨 다시 학교로 돌아왔다. 그리고 3년 만에 사법시험에 합격했다. 잠깐 변호사 활동을 했지만, 적성에 맞지 않았다. 그래서 신림동에서 강사 생활을 시작했다. 엄청난 명성 덕분에 충남대학교에서 그를 로스쿨 교수로 초빙했다. 하지만 강사 시절, 교수 시절 몸을 혹사했기 때문에 건강에 문제가 생겨 교수 생활을 1년 반 만에 끝냈다. 어느 신문에서 양조장 시리즈 보고 술 만드는 것에 빠졌다고 한다. 직접 빚은 술을 주위에 나눠줬더니 큰 호평을 받았다고 한다. 교수 시절에도 취미로 술을 만들어 학생들과 나눠 먹고 축제 때 직접 빚은 술로 주점을 열기도 했다. 교수를 그만두고는 2년 정도 전통주 만드는 거 배워서 홍천군에서 아예 전통주를 만든다. 정 대표는 사법고시 합격에 변호사, 로스쿨 교수는 본인이 잘하는 것이고 전통주 만드는 것은 본인이 좋아하는 것이었다고 생각한다. 돈 잘 벌고 안정적인 직장을 왜 그만뒀냐고 남들은 말할 것이지만, 늦게라도 본인이 좋아하는 것을 찾아서 하는 정 대표는 행복할 것이다. 이 양조장 대표가 된 것도 경험에서 찾고 심사숙고한 결과다.

사람은 좋아하는 것이 딱 한 가지일 수는 없다. 같은 분야에 연관된 여러 개를 좋아한다면 그만큼 생각과 선택의 폭이 넓어질 것이다.

독서나 토론을 통해서 찾는다

친구에게 선배에게 물어봐서는 본인이 좋아하는 것을 찾기는 어렵다. 친구나 선배들은 자기들 눈에 보이는 나의 겉모습 중에서 찾아보고 조언해 주려고 하기 때문이다. 본인이 좋아하는 것은 본인만이 안다. 될 수 있으면 조언을 구하지 말고 혼자서 찾아봐야 한다. 혼자서 찾기 어렵다면 책을 보거나 어떤 주제에 대한 토론 중에 찾을 수 있다. 여러 방면의 책을 읽고 다른 사람들과 거기에 대해 토론을 하면서 찾을 수 있다.

책을 읽는다는 것은 한편으로는 본인의 내면과 이야기하는 것이고, 토론한다는 것은 남들에게도 내 생각을 드러내는 것이지만, 그전에 내 안의 있는 것을 끄집어내는 일이 먼저이기 때문이다. 그럼으로써 자기 자신을 더 알 기회가 생긴다. 남에게 나에 대해서 말하고 남의 이야기를 듣고 의견을 나누는 토론은 결국은 내가 나 자신을 아는 길이기도 하고 내가 모르는 장점을 알 기회가 되기도 한다. 어떤 책이라도 좋으니 책을 읽고 생각하는 습관을 길러보자. 그리고 어떤 주제에 관해 토론하는 습관 속에서 내가 좋아하는 것을 찾을 수 있을 것이다.

포기하지 마라

좋아하는 것을 어떻게 찾아야 할지 모르겠다고 생각하는 사람이 많을 것이다. 시간이 없다는 사람도 있다. 그러나 인생은 길다. 2, 3년 조금 쉬어 가더라도 긴 인생에서는 그 기간은 아무것도 아니다. 지금 20대는 앞으로 30년 동안을 현직에서 살아갈 것이다. 거기에 자기가 좋아하는 일을 한다면 현직에 있는 시간은 무한정 늘어난다. 좋아하는 것을 한다는 건 그 일을 남들보다 더 잘할 가능성이 훨씬 많은 법이다. 이렇게 생각하면 그것을 찾는 2, 3년은 긴 인생에서 아무것도 아니다. 가장 중요한 것은 시간이 걸리더라도 좋아하는 것을 찾아 그 일을 하는 것이다. 지금은 어쩔 수 없이 다른 일을 하더라도 마음속에는 항상 생각해야 한다. 내가 좋아하는 일이 어떤 건가? 그런 생각은 지금 하는 일이 나중에는 내가 좋아하는 일이 될 가능성도 다분하다.

A4용지를 4등분하라

머릿속에 또는 마음속에만 있는 꿈을 이제는 눈에 보이게 만들어 보는 것이 중요하다. 머릿속에 있는 꿈은 그냥 꿈일 뿐이다. '꿈꾸면 이루어진다.'는 말도 있지만 꿈만 꾸면 이루어지지 않는다. 세상에 자기의 꿈을 이루는 사람은 얼마나 될까? 멀리 갈 것도 없이 본인의 주위를 돌아보자. 아주 가깝게는 우리 부모님이나 친척들을 생각해 보자. 본인들이 가졌던 꿈을 이루었다는 말을 들어본 적이 있는가? 십중팔구는 아닐 것이다. 당연하다. 그만큼 세상에서 꿈을 이루는 사람이 많지 않다는 방증이다. 그럼 꿈을 이룬 사람은 어떻게 자기의 꿈을 이루어 나갔을까? 이제 꿈을 설정하는 방법을 체계적인 방법으로 소개해 보겠다.

A4용지를 접어라

A4용지를 세로로 한 번 가로로 한 번 4등분한다. 거기에 '내가 좋아하는 일' '싫어하는 일' '잘하는 일' '못 하는 일' 이렇게 4가지를 4등분 한 면에 적어보

자. 누구에게 보여줄 게 아니니 조용히 책상에 앉아 차분히 솔직하게 적어보자. 방법은 좋아하는 것을 4, 5개 적고 싫어하는 것을 4, 5개 적어 보는 식이다.

이 4등분 한 영역 중에 꿈이라는 게 결국은 어떤 것일까? 당연히 싫어하고 못 하는 것은 나의 약점이니 배제해 두고, 결국은 내가 좋아하는 것, 내가 잘하는 것 중 하나일 것이다. 내가 좋아하고 잘하는 것이 같다면 금상첨화다.

만약에 내가 좋아하는 것과 내가 잘하는 것이 다르다면 어떤 것을 꿈으로 선택해야 할까? 앞에서 말한 정회철 대표처럼 꿈은 본인이 좋아하는 것을 선택하는 것이다. 잘한다는 것은 그만큼 반복을 해서 몸에 익었다는 것과도 같다. 많은 시간을 투자해서 반복하면 어느 정도는 잘 해지는 것이다. 그것이 나중에 자기의 꿈으로 바뀔 수 있다. 그렇지만 그것은 많은 경험과 사회경력이 쌓여야 할 부분이다. 학생 때는 내가 좋아하는 것은 우선순위다. 좋아한다는 것은 그것을 위해 노력하는 적극성이 발휘된다. 또 좋아하는 것은 나중에는 그것을 잘할 수 있는 여지가 많다고 할 수 있다. 앞에서 제안한 A4용지를 4등분 해서 적어보고 수시로 업데이트 해 보자. 좋아하는 것이 바뀔 수도 있고, 또 새로 추가할 게 있을 수 있다. 또 이렇게 들여다봄으로써 지금 내가 좋아한 것에서 또 다른 가지를 칠 수 있다.

해리포터를 쓴 롤링이라는 작가가 있다. 롤링은 인생에서 자기가 좋아하는 글쓰기라는 것을 찾음으로써 인생이 바뀐 사람이다. 2017년 작가로서 수입이 1위라고 한다. 재미있는 것은 해리포터는 이제 더 나오지 않아 책을 팔아 수입은 더 생기지 않는다. 그런데 이 소설을 바탕으로 연극이나 캐릭터 산업이 흥행해서 원작자의 수입이 늘었다고 한다. 이제는 책을 써서 그 인세로만 돈을 버는 시대는 아니다. 그것을 기반으로 다른 생각 하지도 않는 산업들이 등장한다. 그렇지만 그 돈은 원작자에게도 간다. 롤링은 좋아하는 것을 찾음으로써 인생 역전한 작가다.

역발상도 중요하다

학생들한테 A4용지를 4등분해서 자신이 좋아하는 것을 적어보라고 한 적이 있다. 그런데 예상외로 본인이 잘하는 것을 적은 사람이 적었다. 반대로 자기가 못하는 것, 하기 싫은 것을 적은 사람은 많았다. '내가 좋아하는 것이 그렇게 없나?' 하고 자신에 대해 고민하는 얼굴이 곳곳에서 많이 보였다. 이럴 때는 이렇게 생각해야 한다. '내가 하기 싫은 것을 어떻게 하면 안 할 수 있을까?' '싫어하는 것을 안 하기 위해서는 어떤 것을 해야 할까?' 라는 식으로 생각하면 된다. 하기 싫은 것을 아는 것도 중요하다.

우리 큰아들의 예를 들면 '나는 영어가 싫다.' 라고 했다. 그렇다면 영어를 안 하고 살 방법은 뭔가를 고민해 보라고 했다. 그러면 영어를 하지 않고 할 수 있는 본인의 꿈이 생길 것이다. 그것을 위해 노력하는 것이다. 안 되는 영어 붙잡고 시간 보내느니 자기가 목표한 바에 시간을 쏟는 게 당연히 효과는 좋을 것 이다. 본인이 어떤 것을 좋아하는지 아는 것이 제일 중요하지만 반대로 싫어하는 것이 뭔지를 아는 것도 중요하다. 그것을 노력해서 개선하기보다는 처음부터 아예 다른 시각으로 접근해 볼 수 있는 하나의 방법이다.

본인에게 약점만 있다고 생각하는 사람들도 이렇게 발상의 전환이나 다른 방법으로 그 단점을 장점으로 바꿀 수도 있다. 본인이 생각하기에는 단점이지만 그것을 가지고 어떻게 하느냐에 따라 장점이 될 수도 있다는 것이다.

사람은 누구나 고유한 장점이 있다. 젊은 나이라면 실망하기는 이르다. 젊다는 것은 어떤 강점이든 앞으로 만들어 나갈 시간이 충분하다는 뜻이다. 미처 자신의 강점을 찾지 못했다면 계속 고민하고 찾아보면 된다. 그래도 찾을 수 없다면 이제부터라도 자신만의 강점을 키우기 위해서 노력해야 한다. 지금 하는 공부나 운동이 즐겁다면 그 일을 더 깊게 생각해 봐도 되고, 취미생활에서 미친 듯이 좋아할 만한 것을 찾아보는 것도 방법이다. 어떤 부분에 관심이 가고 또 본인이 잘하는 일이 분명히 있을 것이다.

사실 내 관심사는 '경쟁하지 않고 유유자적하는 삶'이다. '어떻게 하면 마음 편하게 놀고먹으면서 인생의 재미를 찾을 수 있을까? 그러면서도 가족 부양도 남들만큼 할 수 있을까?' 였다. 그렇게 고민하다 보니 내 관심사를 성취하기 위해서는 또다시 뭘 해야 할까를 생각하는 삶을 살게 된다. 그러면서 또 다른 생산적인 고민을 하게 되고 결국은 삶에 대한 애착이 생긴다. 내가 좋아하는 것을 찾던지, 내가 싫어하는 것을 안 하는 방법을 찾든지 간에 그것은 본인의 자유다. 결국 그 두 개의 결과는 같다.

4년간 뭘 할지 목표를 세워라

내가 대학 다닐 때는 지금보다 경쟁이라는 게 심하지 않아서 상대적으로 공부에 대한 부담감이 적었다. 우리 선배들은 학점 관리를 하지도 않았고 최저 요건만 충족하면 대부분 취업이 됐다. 영어도 토익이라는 것조차 없는 시절이었다. 오죽했으면 '정 할 일이 없으면 학교 선생이나 하지.' 라는 말은 했을 정도였다. 그때 닥쳤던 IMF라는 엄청난 일이 있는 후로부터는 모든 게 예전 같지 않았다. 그래도 대학을 나오면 취직은 어느 정도 되는 시대였다. 아무리 어렵다고 해도 적어도 공대를 나오면 먹고 살만은 하다는 인식이 있었고 실제로도 그랬다. 지금은 대학에 들어오자마자 취직이라는 것 때문에 또 다른 공부를 하는 사람들이 많다. 그렇지만 다른 것 무시하고 취직을 위해 공부하다 보니, 대학 생활의 많은 부분을 모르고 도서관에서 공부만 하는 사람들이 많다. 게다가 한국 유수의 대학에서도 전공보다는 공무원 시험을 준비하는 사람들이 많다고 하니 씁쓸하다. 대학 생활을 시작하면서는 이제 다시 출발점에 선 것으로 생각하면 된다. 대학이라는 곳이 같은 과목, 같은 선생님 밑에서 배우는 것이 아니기 때문에 자신이 세상을 어떻게 바라보느냐에 따라 앞으로의 자신의 미래와 자신의 사회적인 위치가 달라진다.

목표는 장기적으로 집중할 수 있게 명확해야 한다

4년 동안 난 뭘 이루고 싶은지에 대해서 생각하고 목표를 세워라. 대학에 들어오면 우선 본인이 대학에서 어떤 것을 해 볼 것인가를 생각해 보길 권한다. 여기에는 4년간 어떤 능력을 내가 갖고 싶은가도 포함된다. 예를 들면 사람과 대화하는 기술, 보고서를 깔끔하게 정리하는 능력도 하나의 작은 목표가 될 수 있다. 거창하게 인생 목표를 적지 말고 우선 4년간의 목표만으로 적어본다. 어차피 주어진 시간은 모두에게 동등하다. 그것을 효과적으로 사용하는 것은 전적으로 본인의 문제다. 대학 생활을 하는데, 아무것도 없는 것보다는 목표가 있었던 편이 좋다. 얼마나 구체적으로 써야 하냐면 목표를 통해 삶의 새로운 의미가 생기고 우리의 행동에 영향을 미칠 만큼 구체적으로 써야 한다.

내가 학생들에게 권하는 방법은 우선 흰 종이에 4년 동안 꼭 이뤄보고 싶은 것, 갖고자 하는 능력을 나열해 본다. 일반적인 방법으로는 내가 좋아하는 것 20여 가지 정도를 적고, 20개 중에서 다시 10개를 고른다. 선택한 10개는 우선순위를 정해서 적는다.

목표를 글로 써라

목표라는 것은 우리가 어떤 것에 집중하고 방향성을 갖도록 해준다. 목표를 정의하자면 큰 꿈을 이루기 위해 실천해야 하는 좀 더 작은 꿈이다. 강 건너 꿈에 다가가기 위한 징검다리다. 그렇기 때문에 목표란 당연히 이 일을 언제까지 하겠다는 기한이 정해져 있어야 한다. 징검다리를 한없이 멀리 둘 수는 없는 일이다. 일정 위치에 있어야 강을 건너갈 수 있다. 1953년 예일대 실험에서 아무런 목표도 설정한 적이 없다가 67%, 목표가 있으나 글로 적어두지 않았다는 학생이 30%, 목표를 글로 적어두었다는 학생은 고작 3%였다. 이들을 추적한 끝에 20년이 지난 1973년 사회에 진출한 이들의 삶의 만족도를 다시 조사했더니 자신의 목표를 글로 썼던 3%가 나머지 97%보다 삶의 만족도가 훨씬 높았다. 만족도가 높으니 자연히 재산, 소득, 사회적인 영향력의 격차도 10~20배 이상 차이가 났다. 이렇듯 아무것도 아니지만, 목표를 글로 써 두느냐 그냥 마음속으로 가지고 있느냐에 따라 나중에는 천지 차이가 난다.

작은 것부터 시작한다

달성 가능할 만큼 가까워야 한다. 그러기 위해서는 작은 것부터 실천한다. 어떤 계획을 세웠는데 계속 실패하는 이유는 뭘까? 그것은 실천할 것을 너무 크게 잡았기 때문이다. 예를 들면 신년 초에 금연하겠다고 계획을 잡았는데, 금연에 성공하는 사람은 극소수다. 하루아침에 끊겠다, 안 피우겠다고 실천 계획을 세우기 때문이다. 인생에서 제일 어렵다는 다이어트도 마찬가지다. 나도 많이 해 본 방법이지만, 이번 달에는 3kg 감량, 다음 달에는 2kg 감량. 이런 식으로 실천 계획을 세웠다. 결과는 어떨까? 당연히 실패다. 지금까지도 실패했고 나중에도 실패할 여지가 다분하다. 이유는 실천 계획이 처음부터 너무 크다는 것이다. 처음에는 아주 작게 시작 해 본다. 하루에 담배 한 개를 덜 피우겠다든지 아니면 점심 식사 후 저녁 식사 후 담배를 피우지 않겠다는 식의 작은 실천을 해 보는 것이다. 다이어트라면 밥을 2/3만 먹겠다. 지금 20분 정도 걸러 먹는 식사 시간을 30분 정도로 늘려 천천히 먹는 습관을 기르겠다는 식이다. 그것도 어려우면 식사 후 텔레비전 앞에서 1분간만이라도 걷기 연습을 한다는 것도 하나의 방법이다. 그러면 한결 마음이 편할 것이다. 그리고 그게 몸에 배고 그러면 좀 더 자신감이 붙어 강도를 높이는 도전을 하게 될 것이다. 영어공부를 열심히 하겠다는 것보다는 하루에 영어 사설 한 페이지만 읽어보겠다는 식으로 시작해 보자. '가랑비에 옷 젖는다.' 는 속담처럼 맘 편하게 생각하자. 사실 나도 '글을 아침에 1시간씩 꼭 쓰자.' 에서 출발했는데 못 지키는 경우가 많아 자신감 떨어졌을 때 '일주일에 2, 3일만 쓰자.' 로 바꾸고 실천하니 한결 마음도 편하고 실천하는 날도 많고 내가 나 자신에 대한 만족도로 높아졌다. 처음부터 너무 거창하면 달성이 쉽지 않다. 내가 당장 할 수 있는 것부터 하고 그것이 성공하는 경험이 많아야 자신감이 붙는 것이다.

진행 상황을 적는다

이제 실천 노크를 적어보자. 자기만의 방법을 찾아서 하든지 아니면 다른 사람이 해왔던 방법을 쓰든지 간에 내가 4년 동안 어떤 것을 해야겠다는 것을 기록하는 것이다. 예를 들면 다이어트는 1년, 영어공부는 3년. 이렇게 기간을 정해두고 진행하는 습관을 기른다. 기간을 정하고 진행 상황을 확인하는 이유는 사람은 본인에게 특히 관대하기 때문이다. 자기 계발 대가인 나폴레옹 힐이나 브라이언 트레이시 같은 사람들이 강조하는 것이 바로 기간을 정하라는 말이다. 굳이 그런 사람들이 하는 말을 인용하지 않더라도, 기간이 없는 목표가 이루어지기는 어렵다. 나 같은 경우는 학생 때부터 지금까지도 다이어리에 번호를 매겨서 실천 노트를 만들어 쓴다. 그리고 오늘 그것을 했으면 빨간 줄로 긋고 그 옆에 코멘트를 달아 논다. 예를 들면 글쓰기라면 1시간 30분을 실천했으면 1.5 Hr 이라는 코멘트를 다는 식이다. 일주일, 한 달이 지나고 다이어리는 펴보고 빨간 줄이 많으면 나는 목표를 이루기 위해 잘하고 있다는 생각이 든다.

그리고 또 다른 도전을 할 수 있는 용기를 얻는다. 그리고 가장 중요한 것은 계획한 것이 100% 달성이 안 됐다고 절대 실망하지 않는 것이다. 인생은 길다. 다시 계획 세우고 실천하면 된다. 계획을 세우는 것이 안 세우는 것보다는 분명히 성과가 있다. 이런 방식은 대학 때나 사회생활 할 때나 쓰는 공통된 방법이다. 다른 것은 그때그때 목표가 달라질 뿐이고 목표를 실천하는 실천 노트가 더 자기만의 방식으로 바뀔 뿐이다. 우선 이런 방법으로 본인이 가지고 싶은 능력을 적고 실천해 보자.

대학 4년간의 목표가 중요한 이유는 한마디로 불필요한 데 시간을 낭비하지 않고, 내가 원하는 일을 하기 위해서다. 목적 없이 학교 생활 하는 것만큼 지루한 것은 없다. 그냥 막연히 공부 열심히 하겠다는 것은 목표가 아니다. 진짜 내가 하고 싶은 것을 적어보는 것이다. 그리고 천천히 실천하고 기록해 보는 것이다.

자신의 강점을 찾아라

요즘 매스컴에서나 주위에서 '자신만의 장점을 찾아라.'는 말을 많이 한다. 도대체 강점이란 뭘까? 또 어떻게 찾아야 할까?

장점이라는 것은 우선 남들과 다르게 자신만이 발휘할 수 있는 핵심능력이다. 강점이 없는 사람은 없다. 또 우리는 자신이 생각하는 것보다 강점이 많다. 단지 본인이 아직 모를 뿐이다.

우선 장점의 정의를 나름대로 내리자면 타고난 재능에 후천적인 지식과 기술 간의 교집합이다. 물론 가장 이상적인 것은 3개 전부를 어느 정도 가지고 있어 최적의 교집합을 만드는 것이다. 세상에 3개의 장점을 다 가지고 있는 사람이 얼마나 될까? 세상은 공평한 게 한 사람에게 3개 모두를 몰아주는 경우도 있지만, 대개는 어느 정도 나누어 준다. 머리가 뛰어나다고 다들 공부를 잘하는 것이 아니고, 공부를 잘한다고 그 사람들이 다들 사회에 공헌하는 것도 아니다. 선천적 재능이란 알다시피 태어날 때부터 남보다 우월한 능력이다. 사람들은 본인이 선천적 재능이 없는 것 같다고 한다. 엄밀히 말하면 없는 게 아니라 아직 발견하지 못했다는 표현이 맞는 말이다. 재능을 제외한 두 가지 중 지식은 학교나 교육을 통해서 배우는 것이고, 기술은 살아가면서 또는 일하면서 배워나가는 것이다.

지식과 기술에서 재능은 발견된다

학교에 다니면서 공부를 한다는 것, 새로운 것을 배운다는 것은 재능을 발견하기 위한 시간을 벌면서 지식과 기술을 배우는 것이다. 나중에 재능을 발견하고도 후천적인 지식과 기술이 뒷받침되지 않아 최적의 강점으로 발전되지 못하는 경우가 있을 수도 있다. 재능은 계속 발견하고 찾아가는 것이다. 심지어는 끝까지 못 찾을 수도 있다. 재능을 발견한 많은 사람이 공통으로 말하는 것은 재능이란 자신이 지금 하고 있는 분야나 배워왔던 것에서 찾았다고 한다. 이렇게 생각한다면 후천적인 분야 즉 지식이나 기술을 개발한다면 재능은 그만큼 찾기 쉬울 것이다. 그러는 의미에서 어른들이 '공부해라. 공부해라.' 한 이유가 어느 정도는 맞는 말이다.

꼭 공부가 아니더라도 자기의 분야에서 지식과 기술을 쌓아 언젠가는 하늘에서 나에게 준 재능을 발견할 때까지 포기하지 말고 꾸준히 하라고 말해주고 싶다. 다시 말하지만, 자신의 재능이라는 것은 지금까지의 본인의 지식과 기술 속에서 재발견된다. 생뚱맞은 곳에서 발견될 수도 있겠지만 그것보다는 자신의 지금까지 해 왔던 분야의 근처에 재능은 있는 경우가 대부분이다.

요즘 청소년들은 꿈이 연예인이 되고 싶다는 친구들이 많다. 연예인 중 개

그맨이라는 직업을 보면 예상외로 공부를 많이 한 사람들이다. 그냥 웃기는 게 아닌 웃기기까지의 과정에서 많은 아이디어는 기본적으로 사신들이 배워왔던 것에 비례한다. 또 그런 개그가 호평을 받고 생명력이 긴 것이다.

언젠가 다큐멘터리를 한 편 본 적이 있다. 제주 해녀 이야기 '물숨'이다. 내용은 대충 이렇다. 제주도의 해녀들은 하군, 중군, 상군이라는 서열이 있는데 서열의 기준은 바닷속에서 숨을 참는 능력이다. 상군은 수심 30m를 내려갈 수 있는 능력, 하군은 수심 3~5m를 내려갈 수 있는 능력이라고 한다. 당연히 상군이 좋은 해산물을 잡아 올린다. 하군, 중군은 상군이 되지 못한다. 이유는 숨을 참는 능력이 선천적으로 다르기 때문이다. 노력한다고 해도 안 되는 것이다. 만약에 그 한계를 넘겠다고 하면 바닷속에서 마지막 숨을 이기지 못하는 소위 '물숨'을 먹는다면 큰 변을 당하기 때문이다. 해녀들은 그래서 평생 같은 군에서 일한다고 한다. 그럼 하군에서 중군, 중군에서 상군과의 차이를 메꾸는 게 뭘까? 그것은 자기가 감당할 수 있는 바닷속 깊이의 지형에 대해서 속속들이 아는 것이다. 실제로 각자의 깊이에서 어디가 해산물이 많이 나는 지형 밭을 알면 수확을 많이 올린다. 이것이 바로 후천적인 기술이 선천적인 재능을 대신하는 것이다.

재능은 자신도 잘 모른다

강점이 타고난 재능만으로 이뤄지지 않았는데도 많은 사람이 자신이 강점이 없다고들 한다. 십분 양보해서 재능만으로도 이루어졌다고 해도 실망할 필요가 없다. 본인에게도 재능은 있다. 다만 그것을 아직 발견하지 못했을 뿐이고 또 하나는 아직 젊은 것이다. 다른 말로 아직 기회가 많다는 것이다.

2014년도에 사망한 로빈 윌리엄스란 배우가 있다. 그는 코믹 연기뿐만 아니라 여러 방면의 연기에도 뛰어난 배우이다. 많은 작품이 있지만 내가 인상 깊게 기억하고 있는 역은 '죽은 시인의 사회'에서 나온 키팅 선생님 역이다. 실제로 '죽은 시인의 사회'라는 영화에서의 키팅의 대사 중 15%는 윌리엄스의 애드리브였다고 한다. 실제 윌리엄스의 아버지는 포드자동차의 중역이었다. 덕분에 방이 서른 개나 되는 저택에서 살았다. 그러나 학교 공부와는 거리가 멀어 몇몇 선생님들에게는 눈엣가시였다. 많은 선생님이 지나치게 개성 있는 자신을 못마땅했지만 한 선생님은 윌리엄스의 재능을 칭찬했고 그것이 인생을 바꿔 놓았다. 윌리엄스는 아카데미상을 받은 자리에서 그 선생님에게 감사를 표했다고 한다.

한국에도 비슷한 사람이 있다. 이제석 소장이다. 그는 어렸을 때부터 문제아에 공부와 담을 쌓고 교과서에 그림 그리기가 취미였던 그가 담임 선생님이 미술에 재능이 있을 것 같다는 말에 공부해서 미대에 들어가고 한국에는 뉴욕진출 2년 만에 국제디자인대회에서 29개 상을 휩쓸었다.

이렇듯 재능은 자기도 잘 모르는 것이다. 누군가가 알려주는 것, 깨워주는 것이고, 개인이 그것을 발전시키는 것이다. 만약 열심히 했는데 자기 재능이 아닌 것 같다고 생각이 들어도 걱정하지 마라. 적어도 노력하는 그 기간까지는 후천적인 지식과 기술이 상당한 수준에 올라왔을 것이다. 3개의 교집합 중 2개의 분야를 가진 셈이지 않는가?

단점은 또 하나의 개성이다

토끼, 다람쥐, 오리 이야기가 있다. 모두 탁월한 장기는 하나씩은 있었다. 우선 토끼는 달리기 선수고, 오리는 수영선수, 다람쥐는 나무타기 선수였다. 각자 자기 분야에서는 탁월했지만, 그 외 종목은 형편없었다.

이 동물들은 본인이 부족한 종목에도 잘하고 싶었다. 그래서 토끼는 수영과 나무타기, 오리는 달리기와 나무타기, 다람쥐는 달리기와 수영에 전력을 다했다. 그 결과는 어떠했을까? 지금까지 본인이 잘해왔던 토끼는 달리기가 보통수준으로 떨어져 버렸다. 오리는 물갈퀴가 찢어져서 수영을 못하게 돼 버렸고 다람쥐는 발톱이 다 닳아서 나무에 오를 수가 없었다. 모두 자기가 잘하는 것을 두고 못 하는 것을 잘하려고 하니 자신의 특기마저도 평범해져 버렸다.

예전에는 '단점을 보완해서 강점으로 길러라.' 라는 말을 많이 들었다. 그런데 잘 생각해보면 단점은 단점일 뿐이다. 열심히 보완해 봤자 단점이 평범한 것으로밖에 발전되지 않는다. 물론 더 열심히 해서 장점으로 승화시킨 사람도 있겠지만 그러려면 엄청난 시간과 노력을 해야 할 것이다.

중요한 것은 본인은 단점이라고 생각하지만 정작 남들은 남에게 별 신경을 쓰지 않는다는 점이다. 다른 말로 상대방의 단점인지 뭔지 관심이 없다는 것이다. 그렇기 때문에 과감히 단점을 그대로 두고 장점을 더 계발해야 한다. 황새를 쫓아가려고 가랑이 찢어지지 말고 자기만의 강렬한 개성을 찾아서 그것을 내세워야 한다. 그것을 강점으로 만들어야 한다.

시간 관리

시간 관리는 결국은 인생 관리다. 하루는 누구에게나 똑같이 24시간이다. 그런데 어떤 사람은 그 시간을 충분히 쓰고 여유를 가지고 생활하는 반면, 어떤 사람은 시간이 없다는 말을 입에 달고 산다. 이유가 뭘까? 우리는 시간에 대해 어렸을 때부터 많은 말을 들어왔다. 그러다 보니 역설적으로 시간에 둔감한 자신을 보고 죄책감을 빠지곤 한다. '시간을 허비했다. 시간 낭비했다.'는 말을 한다. 그런데 잘 생각해보면 그런 말을 했던 일들은 대부분 내가 계획한 것이 아니다. 즉흥적으로 또는 갑자기 생긴 일이 많다는 것이다. 그렇기 때문에 낭비라는 말은 적합한 단어는 아니다. 차라리 쉬었다는 말이 맞다.

자투리도 모으면 커진다

시간에 대해 쫓기지 않으면서 살아가는 방법을 자기 나름대로 만들어야 한다. 온종일 공부한다고 또는 종일 일을 한다고 능률이 오르는 것은 아니다. 시간은 잘 쪼개서 집중하는 것이다.

스마트폰이 나오기 전만 해도 전철을 타면 책을 보는 사람들이 많았다. 그러다가 일일 정보지 같은 간단한 인쇄물을 보는 사람이 많아지더니, 지금은 십중팔구는 핸드폰을 보는 사람들이다. 이제는 가끔 책을 보는 사람들을 보면 반갑기조차 하다.

나는 전철을 타는 일이 있으면 항상 가방에 책을 두어 권 정도 넣고 다닌다. 그리고 이동 중에 그 책을 본다. 250여 쪽짜리 책은 3~4시간 정도면 볼 수 있다. 전철에서 작은 핸드폰에서 연애 기사를 보는 것보다는, 멍하게 앞 사람 얼굴 쳐다보기가 민망해서 눈을 감고 있는 것보다는 차라리 책을 보는 게 훨씬 낫다. 한학자 정민 교수는 전철에서 책을 쓴 사람이다. 중앙일보 2014.2.15에 실린 기사를 보면 '다산 어록 청산' '성대중 처세어록' '죽비소리' '한밤중에 잠 깨어' '오직 독서뿐' 같은 책들은 이면지를 절반 잘라 원문을 오려 붙여 가방 속에 넣고 다니며 전철에서 주로 해석을 쓰고 평설을 달았다. 집에서는 소파에 앉아 쉴 때나 화장실에 앉아서도 썼다. 해석과 평설이 끝난 종이는 따로 갈무리해두고 새 종이를 그만큼 채워 늘 가방에 넣고 다녔다. 한동안 잊어버리고 작업하다 보면 어느새 책 한 권 분량이 되어 있곤 했다.' 라는 기사가 있다.

관심 있는 한 분야를 선택해서 오며 가며 그 분야의 책을 보면 전철 타는 횟수에 비례해서 우리의 수준도 깊어질 것이다. 속된말로 자신이 선택한 분야에 능통한 오타쿠가 된다.

집중하라

사람들은 공부는 머리로 하는 것이 아니라 엉덩이로 한다고 말하곤 한다. 얼마나 책상에 오래 앉아 있느냐가 공부를 잘하고 못하고를 결정한다는 말일 것이다.

어느 정도는 맞는 말 같은데 어느 정도는 틀린 말이다. 집중력이 오래 유지되는 능력을 갖춘 사람은 책상에 앉아 있는 시간에 비례해서 성취도도 높아질 것이지만, 일반적인 사람들은 그리 집중력이 많지 않다. 1시간 동안 몇 분이나 집중할 수 있을까? 전문가가 아니어서 모르겠지만 30분이나 40분 사이일 것이다. 그 이유는 학생들의 수업 시간이 딱 그 정도이기 때문이다. 물론 그 시간에도 실제로 집중하는 시간은 더 짧다. 집중력에 대해 설명을 할 때 내가 항상 드는 예가 있다. 그것은 영화 상영 시간이다. 일반적으로 한 편의 영화는 몇 분짜리일까? 내가 기억하는 가장 긴 영화는 2시간 남짓한 주세페 토르나 토에 감독의 '시네마천국'이다. 줄거리는 기억이 안 나고 '참 지루한 영화였다.'고만 생각이 난다. 그럼 일반적인 영화는 보통 상영시간이 얼마나 될까? 일반적으로 90분이다. 1시간 30분 정도. 왜 90분으로 줄었을까? 지극히 개인적인 생각이지만 그 정도 길이가 영화를 보는 관객이 그나마 유지되는 시간이라고 생각한 게 아닐까?

그런데 잘 생각해 보면 90분 영화를 보고 나서 디테일하게 생각나는 부분은 별로 안 된다. 단지 앉아서 눈으로만 보는 것도 90분 정도가 최대치다. 온 신경을 써서 공부하거나 어떤 일을 하는 것은 집중하는 시간이 그보다는 훨씬 떨어질 수밖에 없다. 그래서 당연히 공부할 때는 짧은 시간 집중하는 연습이 필요하다. 공부는 엉덩이로 한다는 말도 맞지만, 더 중요한 것은 모든 일은 집중력이다. 오랫동안 하나를 하는 것이 아니라 집중해서 하나를 끝내고, 쉬었다가 집중해서 다른 일을 하는 것이다. 그렇게 하다 보면 나중에는 개인 적으로 많은 시간이 만들어질 것이다.

사람은 동시에 몇 가지 일을 할 수 있을까? 답은 한 가지다. 일반적으로 한 가지일 이상은 하지 못한다. 예를 들면 음악을 들으면서 책을 본다던지, 어떤 일을 하면서 인터넷 강의를 듣는다는 것은 내 경험상 효과가 없다. 여러 가지 일에 한꺼번에 신경을 쓰고 있다고 생각하는 것은 많은 일을 생각하고 있는 것처럼 느낄 뿐이다. 결국 지나고 나면 남는 것은 한 가지에 집중한 결과보다 못하다.

스마트폰에 휴식의 시간을 줘라

스마트폰을 만지는 시간을 줄여라. 스마트폰이라는 게 참 유용한 물건은 맞지만 한 번 빠지면 좀처럼 헤어나오기 힘든 게 또 이 스마트폰이다. 동영상 같은 것을 제외하더라도 실시간으로 올라오는 뉴스나 속보 같은 것에도 눈 길이 많이 가는 게 사실이다. 그리고 한 번 보기 시작하면 30분~ 1시간은 금 방 지나간다. 심지어는 앉아서 하는 것만이 아니라 길가에 가면서 계속 보고 가는 경우도 많다. 위험한 일이 아닐 수 없다.

한 번은 운전하는 도중에 어떤 여학생이 횡단보도를 건너는 것을 봤다. 분 명히 파란색에서 빨간색으로 바뀌는 시점인데 아직 파란불인지 알고 귀에 이어폰을 꽂고 스마트폰을 보면서 천천히 건너는 것이다. 순간 나는 사고 나 겠다는 생각이 들었다. 아나나 다를까 자동차와 부딪칠 뻔했다. 순간 놀란 운 전자가 경적을 울렸지만, 귀에 이어폰을 꽂고 신경을 다른 쪽에 쓰고 있는 여 학생은 모르는 것이었다. 다행히 자동차 운전자가 급브레이크를 밟고 바로 그 앞에 섰다. 그 학생은 그때까지도 상황파악을 못 했다. 자칫하면 사고 날 뻔했는데 다행이었다. 이렇듯 한번 빠지면 목숨까지 잃을 수 있는 것이 스마트폰이다. 너무 극단적인 예라고 생각하는가? 스마트폰에 지나치게 몰입해 집중이 현저히 떨어진 보행자를 '좀비'에 빗대 '스몸비(smombie)'라고 부른다.

서울의대 예방의학교실에서 대학생 608명을 토대로 조사한 내용인데 스마트폰 중독 그룹이 정상그룹보다 사고 경험이 1.9배 높다고 하니 과학적으로 증명된 셈이다.

공부하는 순간, 또는 어떤 일을 하는 동안은 스마트폰을 치워 두는 것이 좋다. 사실 살아가면서 촌각을 다투는 문제는 그리 많지 않다. 괜히 신경을 다른 데 쓰는 것보다는 지금 하는 것에 집중하고 쉴 때 확인하는 것이 최선이다. 치워 둘 때는 확실히 무음으로 해서 소리가 안 들리게 하는 것이 좋겠다. 눈에 안 보이는 곳에 치워두고 내가 하고 싶은 부분에 집중해야 오랫동안 앉아 있는 것보다 더 좋은 결과를 얻을 수 있을 것이다.

좋은 습관을 길러라

일찍 일어나는 습관을 길러라

'일찍 일어나는 새가 벌레를 잡는다.'는 해묵은 격언이 아니더라도 남들보다 일찍 일어나면 좋은 점이 많다. 무엇보다도 하루가 길다. 7시에 일어나서 준비하는 사람과 5시에 일어나서 2시간을 먼저 생활하는 사람과는 1년이면 700시간 이상 차이가 난다. 거의 한 달이다. 1년에 한 달을 더 가지고 사는 셈이다. 얼마 안 되는 것 같지만 10년이면 10달이다.

나는 대학교 다닐 때 새벽 4시 30분부터 7시까지 5년 동안 신문을 돌렸다. 덕분에 그때의 습관이 나에게 기초체력을 줬고 그때의 습관 덕택에 지금도 새벽 5시면 저절로 눈이 뜨인다. 회사에 다닐 때는 일어나면 씻고 바로 회사에 6시에 출근했다. 회사에서 제일 먼저 출근해서 인터넷으로 영어 강좌 하나 듣고, 업무에 관계되는 책 한 권 읽고 이러다 보면 8시 정도가 된다. 8시가 조금 넘으면 다른 사람들이 출근하기 시작한다. 인사하고 커피 한 잔 하고 다시 일하더라도 나는 2시간 일찍 시작한 셈이니 일에 빨리 몰입할 수 있었다. 게다가 회사라는 것이 알게 모르게 소문이 금방 퍼지는 폐쇄된 공간이라 이런 일상은 금방 입소문을 탔다. 당연히 윗사람에게 나쁜 소리를 들을 일이 별로 없게 된다. 일찍 출근한 덕분에 외국어도 특별히 시간을 내서 한 것은 아니지만 젊었을 때 배운 실력을 유지하는 데 도움이 되었다.

이렇게 말하면 '아침에 일어나면 뭘 하지? 하고 생각하는 이들도 있다. 처음은 아무 거나 해라. 우선은 습관이 몸에 배게 하는 것이 중요하니까 잠도 깰 겸 바람이라도 쐬러 나가는 것부터 시작해라. 일어나는 것이 어느 정도 몸에 익으면 그때는 뭐를 해야 할지 그 전날 머릿속에서 정리가 되어 있을 테니까 그런 고민을 하지 않는다.

후배들에게 개인적으로 꼭 했으면 하는 게 있는데 그것은 자기가 원하는 분야의 책을 보라는 것이다. 본인이 공부하고 싶은 분야의 정해서 관련 책을 읽어라. 1년만 관심 분야의 책을 본다면 남들보다 한 달을 덤으로 가진 셈이니 족히 4권은 읽을 수 있다. 그런 경험이 10년이면 40~50권이 된다. 한 분야의 책을 50권 정도 읽는다면 전문가는 아니더라도 그 분야에 이야기는 충분히 알고 말을 할 수 있을 것이다.

책을 보기가 어렵다면 마음 편하게 신문을 읽어라. 요즘 시대에 무슨 신문이냐 그러겠지만 컴퓨터를 켜서 기사를 보게 되면 원치 않는 다른 쪽으로 관심이 가서 그냥 시간을 허비하는 경우가 생긴다. 그러나 활자를 본다는 것은 다른 곳에 신경을 안 돌리고 1시간 정도를 집중할 수 있다. 활자를 읽는다는 것이 신문을 보는 것이나 모니터를 보는 것이나 다 같을 것 같지만 머릿속에 들어오는 양의 차이는 화면으로 보는 것과의 차원이 다르다.

그리고 신문은 급변하는 시대에 그나마 시간을 두고 정리되기 때문에 중요한 사회 이슈를 다룬다. 요즘처럼 가짜뉴스가 난무하는 시기에 신문을 봄으로써 좀 더 정확한 시선을 가질 수 있다. 이런 습관이 나중에는 인생이 바뀌는 계기를 낳는다.

자신감도 습관이다

세상을 살아가면서 중요한 것이 뭐냐고 묻는다면 개인적으로 무엇보다도 자신감이라고 말하고 싶다. 자신감은 무엇보다도 그 분야의 실력이 기반이 있어야 가질 수 있다. 그런 실력을 남들이 자거나 이불 속에서 뭉그적거릴 때 일어나서 갈고 닦으라는 것이다. 그게 나중에는 본인의 자존심이 된다. 자존심이라는 말은 나쁜 뜻이 아니라 자기를 존경하는 마음이다. 우선 습관을 바꾸지 않고서는 운명을 바꾸기는 쉽지 않다. 사회적으로나 경제적으로 뒷받침이 가능한 부모를 둔 사람이 아니고 본인이 운명을 개척해야 하는 일반적인 사람에게는 자신감은 더더욱 필요하다. 습관처럼 자신감을 가져야 한다. 나는 아들과 딸이 있는데 방학 중에는 다음 학기 수학을 같이 푼다. 그렇다고 깊숙이 푸는 것은 절대 아니다. 애들도 다음 학기 것이니 당연히 모른다. 그냥 개념적인 것만 알려주고 기본적인 문제만 같이 푼다. 이렇게 하는 이유는 딱 한 가지다. 자신감을 주기 위해서다. 한 번도 안 보고 가는 것과 적어도 나는 다음 학기에 어떤 것을 배운다는 것을 알고 공부하는 것과는 자신감에서 차이를 보일 수밖에 없다. 항상 본인이 원하는 것을 준비하되 자신감을 잃어서는 안 된다. 세상에 안 될 것 같은 일도 자신감이 있으면 되는 경우가 허다하다.

꾸준함도 습관이다

마라톤 전 구간은 42.195km다. 세계기록은 2시간 2분 57초다. 이 시간을 쪼개보면 100m를 17~18초에 뛰어야 한다. 그것도 2시간을 꾸준히 뛰어야 한다. 마라톤 경기를 잘 보면 대체로 그룹이 만들어져 뛰게 된다. 선두그룹을 이루는 선수들, 중위 그룹을 이루는 선수들 이런 식으로 무리 지어 뛰는 것을 보게 된다. 각 그룹의 선수들은 서로를 잘 아는 선수들이라 서로 간에 경쟁도 하지만, 서로 간에 러닝메이트 역할도 하게 되어 웬만해서는 그 그룹에서 이탈하는 경우는 없다. 그런데 그 그룹도 승부처에 가면 달라진다. 그 승부처는 바로 30km 이후부터다. 여기서부터는 선두 그룹에서도 순위가 가려지게 되는 것이다. 마라톤도 그냥 달리기만 하는 것이 아닌 머리싸움이다.

인생도 그렇다. 지금은 학생 신분으로 같이 그룹 지어 가지만 마지막에 승부처에서 앞으로 차고 나가는 사람은 본인의 페이스를 잃지 않는 꾸준한 사람이다. 지금 좋은 습관을 지녔다고 자만하지 말아야 한다. 나쁜 습관이 몸에 붙는 건 며칠 걸리지 않는다. 꾸준함을 유지하는 것. 이것도 습관이다. 한 번 나쁜 습관이 들어버리면 바꾸기가 쉽지 않다. 또 습관이라는 것이 아예 없다면 어떤 것을 하려는 의지가 아무리 강해도 실천을 할 수가 없다. 습관이라는 게 여간해서는 몸에 배게 하기가 어렵기 때문이다. 다들 해봐서 알겠지만 적어도 습관이라는 것이 석 달 정도를 꾸준히 해야 그나마 몸에 배게 마련인데 나쁜 습관은 3일이면 쉽게 몸에 배어 버린다. 아무리 좋은 습관이더라도 나쁜 습관으로 가는 데는 얼마 안 걸린다는 말이다. 이럴 때 우리는 작심삼일이라고 한다.

나는 개인적으로 작심삼일이라는 말을 이렇게 해석한다. 마음을 잡고 3일이면 다시 원래대로 돌아간다고 하면 이틀에 한 번씩 결심하는 것이다. 그러다 보면 자연스럽게 내가 원하는 습관들이 몸에 밸 것이고 자신의 인생에서 운명을 바꿀 수 있는 계기를 마련해 줄 것이다. 3일에 한 번씩 같은 다짐을 하면 석 달은 금방 지나간다.

가랑비에 옷 젖는 줄 모른다

'가랑비에 옷 젖는 줄 모른다.' 라는 속담은 대수롭지 않은 것도 자꾸 하면 무시할 수 없을 정도로 크게 된다는 말이다. 지금 하는 일이 대수롭지 않은 일이라고 생각해도 이 일이 나중에는 크게 된다는 믿음을 가지고 전념하라는 말이기도 하다. '지금 하고 있는 공부가 도대체 어디에 쓰일까? 써먹을 수는 있을까? 하는 회의에 찬 생각보다는 '이 공부는 분명히 쓸모가 있다. 아직은 모르지만 내가 사회 생활하는데 적어도 어떤 연관이 있을 것이다.' 라는 생각으로 접근해야 한다. 사례를 찾아보고 적용되는 분야를 찾아보자. 지금 하나하나의 가랑비 같은 생각과 행동이 나중에 분명 본인을 어느 정도 위치에 데려다 놓을 것이다.

아는 선배 중에 대학 진학을 앞둔 아들을 가진 분이 있다. 넌지시 "아들이 어느 대학에 가려고 합니까?" 라고 물었더니 돌아오는 대답이 "스포츠 경영

쪽을 간다네!' 그분 아들은 어렸을 때부터 스포츠 경영이라는 분야에서 일하고 싶었다고 하고 지금까지 그 목표로 공부하고 있다고 한다. 흔하지 않은 분야라 국내에는 몇 개의 대학에서만 과를 개설하고 있다고 한다. 참 대단한 아이라는 생각이 든다. 어렸을 때부터 자기 목표를 가지고 있는 것도 기특한데, 아직 그 목표에 대한 애착을 가지고 있으니 분명 그 친구는 남들과 다른 삶을 살 것이다. 돈을 많이 벌거나 그 분야에 전문가가 될 가망성도 남들보다 클수도 있지만, 무엇보다도 실패했을 때 다시 도전할 수 있는 정신적 기반을 가지고 있는 셈이다. 그 친구처럼 중학교 때부터 자신의 큰 목표를 세우고 그목표를 위해서 하루하루를 살아가는 그 사람은 나중에 분명히 본인이 원하는 분야에서 일하고 있을 것이라고 믿는다. 하루하루의 행동 속에 본인의 미래가 서서히 눈에 들어올 것이다. 모르긴 몰라도 어렸을 때부터 세운 그 분야에 대한 사례나 전문지식은 여타 또래 다른 사람에 비교해서 월등할 것이다. 그 친구는 뜻한 바대로 2018년도에 본인이 원하는 분야 대학에 들어갔다. 이제 대학공부의 가랑비가 나중에 진짜 꿈을 이루길 바란다.

한 번에 이루어지는 것은 하나도 없다

학생들은 가끔은 그런 말을 한다.

"선생님, 제가 어떤 분야에 올인 해야 할까요?"

누군가가 본인이 할 수 있는 목표를 제시해 준다면 잘할 수 있다고 말한다.

잘할 수 있다는 전제는 올인할 수 있는 목표가 있느냐다. 누가 가르쳐주는 것은 자기 목표가 아니다. 본인이 올인할 수 있는 목표를 찾아야 하는데 그게 말처럼 쉬운 일이 아니다. 어쩌면 그런 것을 평생 찾아가는 것이 삶의 여정일지도 모른다. 그리고 중요한 것은 어떤 일이든지 한 번에 이루어지는 것은 없다. 최소자격 요건을 갖추기 위해서라도 천천히 준비해야 한다. 초등학생이 하는 운동 중에 가장 보편적인 게 태권도일 것이다. 자신의 운동신경이 남보다 특출하다고 처음부터 태권도를 잘할 수는 없다. 태권도의 1단을 따려면 1년이라는 운동 시간이 필요하다. 최소한의 자격 요건이 생기는 것이다. 그래서 태권도를 4단을 따려면 꾸준히 했을 때 최소 10년이라는 기간이 필요하다. '나는 태권도 사범이 될 거야.' 하는 희망 속에는 10년 이상을 연습하겠다는 각오가 있어야 한다는 것이다. 어떤 목표를 세웠다고 하루아침에 이룰 수 있는 경우는 극히 드물다. 천천히 내 몸에 그런 환경에 노출해야 한다.

뭐든지 시작을 해봐야 한다

뭐든지 우선 시작을 해 보고 어느 정도 이뤄봐야 다음을 기약할 수 있다. 해보고 싶은 어떤 것이 있을 때는 우선 해보는 것이 중요하다. 그것이 나에게 맞는지, 안 맞는지 생각에서 몸으로 한 번 느껴봐야 정확히 알 수 있다. 예상과는 달리 안 맞을 수도 있고 또 생각보다 나에게 잘 맞을 수도 있다. 또 지금은 나에게 안 맞는 것 같지만 시간이 지나고 또 상황이 변해 다시 나에게 맞는 경우도 분명 있다. 여기서 중요한 것은 상황이 변해 다시 그 일을 시작한다고 했을 때 한 번도 시도해 보지도 않았던 상황이라면 처음부터 시작해야 하는 부담감이 있을 수밖에 없고 시기적으로 늦어 버릴 수 있다.

개인적인 이야기를 하자면 대학 때 검도라는 운동을 한 적이 있다. 그냥 재미로 운동 삼아 2년 정도 했는데, 사회생활을 하다 보니 시간을 낼 수가 없어 자연스럽게 운동을 못 하게 되었다. 그러다가 회사를 그만두고 상대적으로 시간을 자유롭게 선택할 수 있는 일을 하니 다시 운동하고 싶어졌다. 나이도 이제 새로운 것을 배우기에는 늦은 감이 있어서 가장 먼저 생각 난 게 검도였다. 그래서 다시 시작하게 되었고 1년이 지난 후 팀을 꾸려서 사회인 대회에도 출전해 더욱 의미있게 하고 있다.

만약에 내가 대학 때 이 운동을 하지 않았다면 지금은 어떤 운동을 하고 있을까? 물론 남들이 하는 골프 같은 운동에 입문했겠지만 내가 좋아하는 운동을 하기는 어려웠을 것이다. 우선 시작을 해 놓고 어느 정도의 이뤄 났기 때문에 나중에 다시 시작했을 때 훨씬 수월한 법이다. 비단 운동뿐 아니라 어떤 분야도 마찬가지다. 자전거 타는 법을 한번 몸에 익혀두면 오랜 시간이 지나 자전거를 타도 조금만 연습하면 탈 수 있는 것처럼, 한번 몸으로 익힌 기술은 나중이라도 어렵지 않게 익힐 수 있는 것이다.

이렇듯 자기 목표를 세우고 하나하나 준비해 나가는 습관. 새롭게 뭔가를 하고 싶었을 때 우선 해보고, 어느 정도까지 해 놓는 그런 가랑비가 나중에 크게 될 가능성이 있는 것이다.

교양있는 엔지니어

인문학 열풍이 불고 있다. 인문학 강좌를 시작으로 요즘 부쩍 '인문학적 소양을 길러라.' '인문학이 필요하다.' 는 식의 압력을 받은 경우가 많다. 한마디로 인문학을 정의하기는 어렵다. 인문학이란 뭘까? 인문학은 '후마니타스'라는 말에서 나왔고 그것을 풀어보면 '인간다움'이라는 말이라고 한다. 한마디로 자기성찰을 통해서 인간다운 삶을 살아가는 것이 인문학의 목표다.

그러나 우리는 지금을 살아가면서 인문학을 모르면 살아가기가 그렇게 불편한가? 특히나 평상시에도 일반적인 사물을 수학적이나 물리적으로 생각하는 이공계 분야의 사람들에게는 이 인문학이라는 것은 더욱 멀게만 느껴진다. 한편으로는 '뭐 그럼 우리가 살아가는 방식이 틀린다는 건가? 라는 반발감도 생기는 사람이 있을지도 모르겠다.

사실 비슷한 공부를 하는 사람들끼리 모여 있는 집단에서는 인문학적 소양이니 하는 그런 말은 소용이 없는 수도 있다. 특히나 배운 것들이 비슷한 이공계 사람들이니 생각이 어느 정도는 비슷하다. 그런데 직장 동료 이외의 다른 사람들과 모임을 하다 보면 '내가 세상을 너무 모른가?' 하는 느낌을 받는 경우가 있다. 특히 다른 사람들 앞에서 말을 하는 경우, 이공계 사람들은 핵심이나 결론만 말해버리는 그런 실수를 한다. 발단부터 이야기해야 하는데, 한 문장이나 두 문장으로 요약해서 말해버리고 그것을 남들이 다 알 것이라는 생각을 해버리는 것이다. 그리고 이야기가 좀 깊어지면 '나는 공돌이니까' 하고 소극적인 자세로 참여한다. 이런 자세는 세상을 살아가는데 세련되지 못한 자세다.

그냥 엔지니어니까 맡은 일이나 열심히 하고 기술로써 나라에 기여해야겠다는 생각은 안 된다. 힘들어도 공학은 공학대로 열심히 하고 역사나 사회의식 또한 남만큼은 알아야 한다. 이공계생들에게 필요한 인문학적 소양은 다른 게 아니다.

모든 것은 인간관계다

인문을 한자로 쓰면 사람 인(人)자에 사이 간(間) 자를 쓴다. 그래서 어떤 사람들은 사람과 사람 사이의 관계를 풀어 가는 학문이라고 한다. 세상의 모든 일은 어떤 법칙에 의해 이루어진다. 그것은 바로 인간관계다. 결국 사회적 본질은 인간관계라는 것이다. 내가 호감이 가는 사람은 실수도 너그럽게 넘길 수 있고, 아무리 나에게 잘해줘도 싫으면 그 사람의 모든 게 싫은 게 인간이다. 사람 사이의 관계를 풀지 못하면 모든 게 불편하다.

본인은 객관적이고 냉정한 평가를 한다고 생각할 줄 모르겠지만 남들이 봐서는 이공계를 전공한 사람은 인간적인 매력이 없는 사람이라고 생각할 수도 있다. 그리고 실제로 인간적인 매력이 떨어지는 것도 사실이다. 결국은 다른 사람과 얼마나 커뮤니케이션을 잘하냐는 것이다. 커뮤니케이션을 잘한다는 것은 남을 배려하고 내가 배려받는 것을 잘하냐는 것이다. 아시는 분이 이런 말씀을 하셨다. '상대방에 처지에서 보면 세상의 모든 일은 이해가 된다.'고 했다. 내가 이해가 안 되는 부분도 상대방의 처지에서 생각하면 그럴 수 있다는 것을 알라는 것이다. 내가 맞고 상대방은 틀리다가 아니라는 뜻이다.

인간관계를 잘 하는 방법은 '상대방에 처지에서 보면 세상의 모든 일은 이해가 된다.' 라는 말을 계속 생각하는 것이다. 그럼 상대방을 이해하는 폭이 상당히 넓어진다.

어렸을 때 어머니는 겨울이 가까워져 오면 가족들에게 옷을 한 벌씩 만들어 주셨다. 털실과 뜨개질 바늘을 가지고 이리저리 돌려가면 길이가 점점 늘어나면서 옷이 되었다. 세로 방향의 날줄, 가로 방향의 씨줄을 엮고 거기에다 한 두 번씩 빼고 뜨개질을 하면 무늬가 만들어졌다. 간단한 조끼를 만들어 그것을 겨울에 코트 안에 입으면 그만이었다.

세상을 살아가는데 내가 살아가는 것은 세로 방향인 날줄에 해당한다. 내가 살아가고자 하는 목적, 나만의 방식으로 세상을 보는 방법을 날줄에 해당한다면 씨줄은 나 말고 다른 사람과의 관계에 해당한다고 할 수 있다. 날줄과 씨줄이 서로 촘촘히 엮여야 하나의 옷감이 되는 것처럼 나와 다른 사람과의 관계들이 엮여야 내 인생이 촘촘해지는 것이다.

다른 사람이라면 우선 가족이다. 우리는 가정에서 사랑을 배운다고 생각하지만, 사랑보다도 더 중요한 것을 배운다. 그것은 다른 사람과의 문제점을 푸는 방법이다. 분노를 푸는 방법, 의견이 안 맞았을 때 말하는 방법, 가부장적인 아버지에게서 내 의견을 표현하는 방법 등 여러 가지 문제를 푸는 방법을 우선 배운다. 그것이 바탕이 돼서 이제 친구들 간의 관계로 확장이 된다. 가정생활에서 다른 가족과의 관계가 씨줄인 것이다. 그다음에 우리는 더 많은 사람과 만나게 된다. 가정이라는 어느 정도의 사랑으로 상대방을 인정하는 것이 아닌, 나와 전혀 상관이 없는 사람들과 대면하게 된다. 이제 그런 사람들이 내 인생에 씨줄이 되는 것이다. 이런 사람들과의 관계에서 진짜 인생을 배우게 된다. 뜨개질에 비유하면 그냥 밋밋하게 짤 것인지, 여러 무늬가 들어가는 옷을 짤 것인지가 결정된다. 더 많은 사람과의 관계 속에서 어떤 사람과 깊이 있는 관계 속에서 여러 무늬를 만들어갈 수 있다. 어떤 것은 꽃이 될 수도 있고 심지어는 바탕색에 아예 다른 색깔의 무늬가 들어간 옷이 될 수도 있다.

뜨개질하다 보면 마음에 들지 않으면 풀어 버릴 수도 있다. 본인이 의도한 대로 뜨개질의 무늬를 만드는데 하다 보니 영 아닌 것 같다 하면 어머니는 풀고 다시 했다. 풀 때는 그냥 푸는 게 아니라, 한 사람은 앞에서 털실을 잡아주고 다시 원래대로 만들어줘야 했다. 안 그러면 털실이 꼬여서 어느 순간 안 풀린다거나 심지어는 가위로 잘라내야 하는 극단적인 경우가 발생한다. 사람과의 관계도 마찬가지다. 다시 풀고 새롭게 시작할 수 있다. 뭐 내가 내 마음대로 짜는 옷인데 까짓거 다시 만든다고 큰 하자가 있는 것도 아니다. 관계 속에서도 남과의 관계가 틀어졌을 때 다시 짜면 된다고 생각하면 된다. 어차피 내 인생의 옷을 내가 짜는 것인데 부담감을 가지지 말고 풀면 된다. 그러나 너무 함부로 풀다가는 꼬일 수가 있다. 천천히 풀어서 원상복구를 해 놔야 다음번에 또 쓸 수 있다.

내가 원하는 인생은 내가 만들어가는 것이 아니다. 날줄과 씨줄이 엮여야 하는 것처럼 나와 내 주위의 사람과 관계 속에서 만들어지는 것이다. 어떨 때는 다시 짜야 하는 경우도 있지만, 열심히 노력하면 자기 옷에 무늬를 넣을 수도 있다. 다 자기가 하기 나름인 것이다.

근본적인 것에 관해 물어보는 것이다

기본적으로 공학은 응용학문이다. 기초공학이라는 분야도 있지만 적어도 내 주위에 아는 공대를 졸업한 사람들은 대부분이 기존에 있는 것을 응용하는 분야에서 일한다. 알기 쉽게 말해서 센서를 만드는 사람보다는 기존에 있는 센서를 가지고 응용해서 업무에 적용하는 사람이 대부분이다. 그래서 관점 자체가 기본보다는 응용의 관점이다. 다른 말로 하면 공학적인 관점이다.

공학적인 관점으로만 세상을 보는 것은 한쪽 면만 보는 것이다. 우리는 지금까지 일을 처리하면서 본인은 합리적이라고 생각하면서 우리만의 공학적인 관점으로 세상을 봐 왔다. 그리고 기술을 다루는 이공계 특성상 '어떻게 풀어갈까?' '어떻게 처리할까?' 라는 생각이 다른 분야의 사람보다 더 확고하다. 그런데 이제는 '어떻게'라는 질문보다는 '왜'라는 질문과 답을 해야 한다. '왜'라는 질문을 계속하게 되면 근본적인 것까지 생각이 미칠 수 있다.

예를 들면 이런 식이다.

'왜 영어공부를 하지?'

'취업 잘하기 위해서.'

'왜 취업을 해야 하지?'

'살아가면서 돈을 많이 벌어야 내가 할 수 있는 것을 마음대로 할 수 있으니까.'

'왜 내가 돈을 많이 벌어야 하지? 좀 못 벌면 안 되나?'

까지 생각의 가지를 펼 수 있다. 그러면 운이 좋다면 혼자서도 답을 찾을 수도 있을 것이고 못 찾더라고 지금까지 한 번도 깊숙이 생각하지 못했던 부분까지 생각을 할 수 있는 기회를 가질 수 있다. 그런 노력과 습관들이 남을 이해하는 데 큰 도움이 될 수 있다. 그러면 타인과 이야기를 할 때 '왜 저 사람은 이렇게 생각하는 걸까?' 하는 생각으로 발전한다. 당연히 내 생각이 전부 옳은 것은 아니라는 걸 인정할 수 있다. 이렇듯 인문학이라는 것은 진실의 본질을 깨닫게 하는 힘이 있다. 세상의 모든 사물과 사건을 인간의 본성과 연결하기 때문이다. 또 '왜?' 냐고 계속 물어보는 것은 본인이 남들보다 뛰어난 것이 별로 없다는 것을 하는 겸손함을 스스로 아는 것이다.

인문사회학과 과목을 수강해 보라

모든 전문적이고 직업적 능력은 인문학적 소양이 바탕이 되었을 때 비로소 완전할 수 있고, 다양한 분야 간 융합을 이루어 새로운 시너지를 만들어 낼 수 있다. 우리가 잘 아는 스티브 잡스는 철학적인 개념을 바탕으로 획기적인 아이폰을 만들어 냈다고 하지 않았나.

잡스도 매킨토시라는 컴퓨터가 공학적인 관점에서 시작했다면 아이폰은 인문학적인 관점에서 시작했다고 볼 수 있다. 사용자보다는 기술적인 부분에 관심을 둔 매킨토시는 좋은 컴퓨터임에도 불구하고 실패를 했다. 그러나 이미 개발되어 있는 기술만을 모아서 전적으로 사용자 위주의 제품인 아이폰은 대성공이었다. 아이폰 사용자들은 아이폰을 만지면서 이 다음에는 어떤 메뉴가 있었으면 어떤 기능이 있었으면 어떤 기능이 있었으면 하는 것들은 실제로 그런 기능을 가지고 있다고 한다. 손에 딱 맞는 그립감과 모서리가 둥근 미적 감각까지 전적으로 사용자 위주의 제품인 것이다. 학교에 다닐 때 교양과목으로라도 인문사회학을 수강해 보길 권한다. 이공계생들에게도 당연히 역사 인식과 사회인식을 바탕으로 소통과 비판적 사고 능력이나 문학과 예술, 철학적인 다양한 경험이 필요하다.

인문사회 분야 공부는 두고두고 남는다. 어쩌면 평생 한 번도 안 들어 볼 분야일지도 모른다. 다른 사람과 살아가려면 다른 분야에도 귀를 열고 배우려는 의지가 필요하다. 학생 때가 가장 적기다. 사회에 나오면 깊은 강의를 들을 시간도 기회도 없다. 철학이나 고전 같은 과목을 수강해서 마음속에 어렴풋이라도 담아 두면 살아가면서 언젠가는 빛을 보는 날이 분명히 있을 것이다. 그런 고전을 배우는 목적이 어떤 특별한 목적을 성취하기보다는 그 자체에 커다란 의미가 있다. 인문학이라는 것이 한 가지만 생각하는 삶이 아닌 다양하고 풍성한 삶을 살도록 도와준다. 지금 돌이켜보니 그렇다. 지금이야 세상을 어느 정도 살았으니 삶의 경험으로 대강은 알 수 있지만, 더 젊었을 때 특하나 학생 때 조금이라도 들어봤다면 좀 더 빨리 인생의 행복 점을 찾았을지도 모르겠다는 생각이 든다.

우리는 어쨌든지 간에 그나마 남들보다 취직이 잘 된다는 이공계를 나왔다. 이것이 인생에서 그 문제가 큰 자랑거리는 아니지만, 적어도 졸업 후 한동안 취업 스트레스는 남들보다 덜할 수 있다. 그런데 요즘 시대에 언제까지 직장의 보호를 받으면서 살 지는 모른다. 직장이 아니더라도 곧 우리는 다른 사람들과 어울려 살아가야 한다. 단순히 '공돌이니까.' 라는 자조 섞인 생각보다 '역시 공돌이는 달라.' 라는 말을 듣고 살아가야 하지 않는가? 그러기 위해서는 옳다 그르다는 이분법적인 생각에서 벗어나서 나와 다른 의견도 들어보는 유연한 사고가 필요하다.

엔지니어가 인문학을 배워야 하는 이유를 한마디로 말한다면 효율적으로 일하기 위해 다른 사람과 소통을 해야하기 때문이다.

돈에 대해 자유로워지는 법

언젠가 대학교 1, 2학년에게 지금 어떤 것이 가장 고민이 되는지를 적어내
보라는 설문을 한 적이 있다. 어떤 것을 제일 고민하고 있을까? 놀랍게도 그
건 '돈'이었다. 학생들의 70% 정도가 돈이라는 단어를 직접 썼다.

'남자친구랑 만나려는데 옷 살 돈이 없다.'

'옷 사고 분위기 좋은 데에서 친구들과 수다 떨고 싶은데 돈이 없다.'

'친구들과 술 먹고 싶은데 돈이 없다.'

'노트북 사고 스마트폰 바꾸고 싶은데 돈이 없다.'

거창한 고민을 바라지도 않았지만, 이렇게 돈이라는 단어를 직접 쓸지는
예상하지 못했다. 적어도 대학생 때 돈이라는 문제는 조금 부차적인 문제일
것으로 생각했는데 내 생각과는 달랐다. 돈이라는 게 이제 대학생의 가장 큰
고민거리가 되어 버렸다. 그렇지만 학생인 신분으로 돈을 어디서 벌 수가 없

다. 그것이 더욱 돈이 필요하게 된 이유다.

지금 얼마가 필요한지에 대해서 적어보자

돈으로 할 수 있는 일은 사실상 적다. 그러나 돈이 없으면 불가능한 일 역시 매우 많다. 사람이 평생 살아가면서 얼마의 돈이 필요할까? 무작정 '많이'라고 생각하기보다는 구체적으로 생각을 해 볼 필요가 있다. 어떤 근거로 책정 되었는지는 모르겠지만 몇 년 전에 라디오방송에서 한국은 한 가정 당 12억 원 정도가 있으면 풍족하지는 않지만 조금 여유로운 생활을 할 수 있다고 한다. 물론 여기서 여유란 본인이 하고 싶은 것을 다 할 수 있는 정도의 금액은 아니다. 다 할 수는 없지만 그렇다고 쪼들려 살지 않는 그 정도를 말하는 것이다. 이 12억이라는 기준에 비춰 더 많으면 좀 더 생활이 윤택한 것이고 기준에 미치지 못하면 상대적으로 불편한 생활을 한다는 것이다. (그렇게 쓰고 보니 12억이라는 금액이 쉽게 느껴지는 데 누구나 노력하면 벌 수 있는 평균적인 금액은 절대 아니다.)

이렇게 해 보자. 우선 나에게 필요한 항목을 적고 그 옆에 가격을 적어보고 1달이면 얼마가 필요한지, 1년이면 얼마가 필요한지를 적어보자. 꼼꼼하게 적되 좀 불편해도 불필요한 것은 과감히 목록에서 뺀다. 학생이라 항목이 단순할 것이다. 사람마다 다를 수 있지만, 각자에게 지금 필요한 돈을 아는 게 중요하다. 그리고 그 정도의 돈만 있으면 나는 생활할 수 있다는 생각을 가지고 부모님에게 양해를 구하던지 시간이 된다면 본인이 아르바이트해서 마련하면 된다. 중요한 것은 그 이상의 돈을 벌려고 무리하지 말라는 것이다. 학생 때는 자기의 진로와 꿈을 정하는 결정하는 것이 목표지 돈 버는 것이 목표는 아니다. 이런 방식으로 직장에 가면 그 상황에 필요한 돈이 얼마인지, 결혼하면 필요한 돈이 얼마인지 또다시 적어본다. 이렇게 상황이 달라졌을 때 본인에게 필요한 돈이 얼마인지를 아는 게 돈에 대해 조금 자유로워지는 방법이다.

필요한가? 갖고 싶은가?

돈 이야기를 하면 필요와 욕망이라는 말이 빠지지 않는다. 이게 나에게 꼭 필요한가? 필요는 없는데 내가 갖고 싶은가? 라고 생각해보는 것이다. 예를 들면 스마트폰을 바꾸고 싶은데 이것이 '나에게 지금 꼭 필요한가?' 를 물어보는 것이다. 꼭 필요한 것이면 사는 것이고 필요하지 않는데 '갖고 싶다.' 라고 생각되면 사지 않는 것이다. 세 번 생각해서 그래도 필요하다고 생각되면 산다. 물론 필요와 욕망은 구분하기가 어렵다. 나중에는 안 사도 되겠네. 라고 생각이 드는 게 대부분이겠지만 사람인지라 그 순간에는 반드시 그것이 나에게 필요하다고 생각되기 마련이다. 물론 나도 마찬가지다. 정신적인 연습이 필요하다. 물론 남들과 비교해서 더 많은 소비를 하거나 적어도 똑같은 소비를 하고 싶을 것이다. 돈이라는 게 신기한 게 많이 번 사람이나 적게 번 사람이나 모두에게 부족하다는 것이다. 내 주위에서 본인은 돈이 풍족하다고 말하는 사람을 한 명도 본 적이 없다.

나는 책을 많이 사는 편이었다. 도서관에서 빌려 볼 수 있는 책인데도 불구하고 책을 사서 본다. 그리고 읽다가 '역시 빌릴 걸.' 하고 후회한다. 지금은 좀 다르다. 우선 볼 책 목록을 적어두고 도서관을 순회하면서 목록에 있는 책을 다 빌린다. 한 사람당 5권을 빌릴 수 있으니 우리 식구는 4명. 총 20권을 빌릴 수 있다. 그리고 빌린 책을 쭉 훑어본 후 꼭 필요하다고 생각되는 책을 다시 선별해서 그 책만 산다.

그리고 사려고 했던 책은 도서관에 일주일 안에 다시 반납한다. 이렇게 하니 거의 1/3 수준으로 지출되는 돈이 줄었다. 지갑에서 돈을 꺼내기 전 이것이 꼭 필요한가? 한순간의 욕망인가를 한 번 더 생각하면서 지갑을 열어야 한다. 사람들은 돈이 더 있으면 조금 더 행복해질 거라고 생각한다. 물론 어느 정도는 맞는 말이다. 세상에는 돈으로 할 수 있는 일이 상대적으로 많다. 또 돈이라는 것을 무조건 아낀다고 해서 능사가 아니다. 어떤 것을 사고 싶은데 참아야 한다는 건 어렵다. 그 어려운 것을 평생 할 수도 없는 일이다. 돈 말고도 행복한 것은 분명히 있다. 나이가 되면 자연히 알게 되지만 지금 젊었을 때 그걸 찾아내는 노력이 필요하다. 제일 먼저 생각할 점은 '적은 돈을 벌더라도 내가 행복할 수 있는 것이 뭘까?' 를 찾아보는 것이다.

돈의 본질은 다른 문제일지도 모른다.

돈은 곧 번다. 졸업하고 직장 다니면 만족할만한 수준은 아니더라도 어느 정도는 번다. 그러나 그것을 어떻게 쓰느냐는 완전히 다른 차원의 이야기다. 지금 학생 때 이런 문제를 조금이라도 생각해 볼 여유를 가져야 한다. 행복한 소비가 될지 쓰고 나서 후회되는 소비가 될지는 얼마나 고민했느냐에 따라 다르기 때문이다. 수입과 지출이라는 면에서 보면 수입은 우리가 어떻게 제어를 할 수가 없다. 그러나 지출은 본인의 의지에 따라 계획성 있게 지출할 수 있다

제2부
세상에 나갈 준비

영어는 읽고 해석하는 것이 먼저다

한국 학생들이 가장 시간을 많이 투자하는 과목은 단연코 영어일 것이다. 시간 투자 대비 결과가 안 좋은 것 또한 영어다. 나도 중학교 때부터 영어를 공부했고 대학 때 2년을 꼬박 영어 매달렸고 직장 다닐 때도 아침에 남보다 일찍 출근해서 한 시간은 꾸준히 영어를 봐 왔다. 지금도 감을 잊지 않기 위해 될 수 있으면 영어로 된 문서나 인터넷 사이트를 수시로 방문하여 읽어본다.

내가 학교에 다닐 시기는 영어는 중학교에 들어가서야 배우기 시작한 시절이었다. 영어는 대문자만 있는 줄 알았는데, 소문자도 있고 필기체 대문자 소문자도 있다는 것을 그때 처음 알았다. 지금도 확실히 기억나는 것은 처음 중학교 가서 3월 월말고사 영어시험을 봤을 때 26점 맞은 기억이 난다. 총 문항이 50문제였으니 13개만 맞춘 것이다. 그것도 괄호 안에 알파벳을 채워 넣는 그 문제와 그냥 모르겠으니 찍어서 맞춘 문제였다.

그때 기억이 나는 것은 낮은 성적으로 선생님에 매 맞은 기억과 또 하나는 영어는 암기과목이니 꾸준히 외워야 한다는 말씀이었다. 실제로 그 이후 영어 선생님은 월말평가까지 매달 거의 1,000문제에 가까운 문제를 프린트해 오셔서 풀어오게 하고 외우게 했다. 덕분에 그 후로는 거의 90점 이상 맞은 기억이 난다. 역시 영어는 암기과목이었다.

그럼 이공계에서 영어가 왜 중요한가? 라는 질문에는 '왜? 취직하려면 꼭 필요하니까.' 라고들 한다. 단지 취직 때문에 돈 써가며 시간 투자해가며 영어를 배워야 하나? 솔직히 영어 못한다고 세상 못 사는 거 아니고, 회사에 가서도 영어 못한다고 회사생활이 불가능한 것도 아니다. 실제로 사회에서는 영어를 안 쓰는 분야가 쓰는 분야보다 월등히 많다. 어차피 한국에서 먹고 살아가는데 한국말로 의사소통을 하지 영어로 하는 게 아니니까 못한다고 해서 엄청난 불편함은 없다. 취직할 때 영어점수 높다고 해도 지속해서 사용하는 사람에 비교해서 영어 능력이 뛰어난 것도 아니다. 그런데도 영어공부는 어느정도 해야 한다.

모든 고급 자료는 새로운 자료는 영어에서 나온다

한국말로 번역되어 나온 자료는 한참 전에 나온 기술이다. 신기술을 소개하는 잡지는 아예 한글 번역본이 없다. 아직 네이처나 사이언스 같은 과학 잡지가 한국말로 번역되어 나왔다는 소리는 듣지 못했다. 모든 새로운 기술 자료는 기본적으로 영어로 되어 있다. 이것이 영어를 꼭 해야 하는 이유 중 하나다. 이공계를 졸업하고 이 분야에서 인정을 받으려면 신기술이나 새로운 방법에 대해서 항상 신경을 써야 한다. 가령 유량(물의 양)을 잰다고 생각하

자. 한 시간에 나오는 액체의 양을 재는 것이 유량인데, 메스실린더라는 용기에 1분간 물의 양을 재고 1시간은 60분이니 1분간 잰 양에 60을 곱해서 시간당 유량이 얼마라고 하면 남들이 뭐라 하겠는가? 십중팔구 이상한 사람으로 생각할 것이다. 지금이 어떤 세상인데, 그냥 유량계 쓰면 되는데 조선 시대도 아니고 뭔 짓이냐고 말할 것이다. 그런 것이다. 새로운 것을 배우지 않으면 지금 하는 수준에서 벗어나지 못한다는 것이다. 새로운 분야를 공부하고 적용한다는 것은 그 분야의 최신자료를 책이나 자료를 읽을 수 있는 능력에서 나온다. 또 그 자료는 영어로 되어 있다. 당연히 영어를 읽을 수 있는 능력이 돼야 따라갈 수 있다.

회사에 가면 모든 시험방법 및 세계 규격이 영어로 되어 있다

세계화라는 말을 실감할 정도로 회사의 모든 자료가 영어로 바뀌고 있다. 자동차 쪽을 보자면 한국에도 르노, GM이라는 외국계 회사가 있고 부품업체는 부분적으로 미국의 포드나 유럽의 르노와 일을 한다.

실제 내가 자동차 부품 회사에 다닐 때 그 회사에 관련된 제품에 관한 GM 표준서라는 것이 있었다. 시험은 어떻게 어떤 목적으로 해야 하고 어떻게 데이터는 처리하고 보고서는 어떻게 써라 라는 식의 절차서다. 그 자료는 A4용지 4,000장 정도였다. 팀원들이 영어를 못 해서 서너 달간 영어를 한국말로 풀어서 설명해 준 적이 있다. 말이 서너 달이지 우선 나는 4,000장 이외의 연관된 모든 자료를 다 봐야 하니까 거의 1년은 걸렸을 것이다. 물론 업무 영어는 정해져 있는 단어와 자주 나오는 단어가 반복되니, 생활영어와는 다른 면이 있다. 조금만 관심을 가지면 어렵지 않다. 그렇더라도 영어는 영어다.

해외 영업부에 있는 직원과 기술 쪽에 있는 영어 수준은 다르다. 외국에서 높은 사람이 왔을 때 자기 제품에 기술적으로 설명이 가능한 사람은 영업 분야의 직원이 아닌 실제 그 일을 하는 기술 분야의 사람이다.

바꾸어 말하면 기술적으로 잘 알고 거기에 영어로 설명까지 가능하다면 회사에서는 확실한 자리매김을 하는 것이다. 요즘은 '잉글리시 푸어'라는 말이 있다. 기업 입사에 기본 스펙인 영어 공부에 몰두한 나머지 영어점수는 높은데 전공 성적은 좋지 않은 사람을 말한다고 한다. 이것은 이공계 공부를 하면서 전후가 뒤바뀐 경우다. 기본은 자기 분야의 것을 먼저하고 그것을 보완하고 더 부각해주는 것이 영어다.

영어를 하면 무엇보다도 자유로워진다

요즘은 업무상이든지, 개인적으로든지 외국을 나갈 일이 많다. 외국에 가서 좀 더 몸이나 마음이 편하려면 적어도 영어 정도는 해야 업무나 여행이 자유로운 것은 당연하다.

개인적인 이야기를 좀 하자면 결혼해서 신혼여행을 갔을 때다. 영어점수는 없지만, 꾸준히 영어를 봐 왔던 나는 그냥 의사소통 정도는 가능하니 의기양양하게 아내와 같이 여행을 즐겼다. 그런데 어떤 문제로 현지 직원과 의사소통이 안 되는 경우가 있었다. 화가 나니 말이 더 안 되고, 그쪽도 답답하고 나도 답답하고 씩씩거리고 있는데 아내가 조용히 나서더니 조목조목 따진다. 결국은 그쪽에서 잘못을 인정했다. 역시 영어 점수가 최상위에다가 꾸준히 영어에 신경을 쓰는 사람은 다르구나! 라고 느낀 순간이었다. 흥분했을 때 대화가 통하는 수준 정도는 해야 자유로운 외국어를 하는 게 아닐까? 같은 돈 내고 거기에 맞는 서비스를 받는 것. 이것은 곧 자유를 느끼는 것이다.

하루에 한 시간이라도 영어 관련 책을 읽어라

아는 분 중에 대학교수가 있는데 방학이면 미국에 딸이 있어 방학 때마다 딸을 보러 가시는 그 교수도 개인적으로 만나면 영어가 어렵다고 한다. 젊었을 때 학위도 미국에서 받으신 분임에도 불구하고 그 교수 말씀이 한국에서는 영어를 쓸 일이 별로 없기 때문에 금방 잊어버린다고 한다. 그래서 아직도 영어사이트나 신문을 보고 있다고 한다. 영어를 잘하려면 항상 관심을 가지고 하루에 한 페이지라도 읽어보는 습관을 지녀야 한다. 공학도에게는 유창한 회화 실력을 필요하지 않다. 그 업무에 맞고 그 분야의 책을 볼 정도면 충분하다.

영어는 꾸준히 공부해야 한다. 아침에 소리 내서 신문 한 페이지 읽는 습관이 중요하다. 하루에 3문장씩 외운다는 생각으로 관심을 가진다면 부담은 없을 것이다. 무엇보다도 영어는 읽기와 독해가 중요하다. 물론 상대방과 말을 하는 것이 중요하지 않다는 말이 아니다. 그렇지만 한국에 살면서 영어로 말하는 경우는 별로 없다. 중요한 것은 문장을 읽고 무슨 말인지 핵심을 파악하는 일이 우선이다. 사회에 나가도 그렇다. 유창하게 말하는 것보다는 업무에 필요한 서류를 읽고 무슨 내용인지를 파악하는 영어가 먼저 돼야 한다.

손글씨를 잘 써야 대접받는다

컴퓨터가 보급되고 이제는 모든 문서는 컴퓨터로 작성을 한다고 해도 과언이 아니다. 상대적으로 손으로 글을 쓰는 일이 드물다 보니 글씨가 엉망인 사람이 많다. '내용만 좋으면 됐지 형식이 뭐 대수냐?' 라고 말하는 사람이 있다면 할 말이 없지만 적어도 내용에 글씨까지 좋다면 금상첨화 아닌가? 내 경우도 컴퓨터가 보편화되기 전이라 모든 학교 리포트는 손으로 작성했다. 역시 공대생답게 그래프도 모눈종이에 그렸다. 내가 전공한 기계공학에는 기계제도라는 과목이 있다. 지금이야 전문 설계 프로그램이 있지만, 그 당시에는 소위 제도실에서 삼각자와 컴퍼스, 2B 제도용 연필로 도면을 쳤다. (그 시절에는 '도면을 그리다.'라는 말 대신 '도면을 친다.' 라는 말을 했다.) 선도 종류별로 그리고 도면 하단에 써넣는 표제란도 연필로 써야 했다. 그러다 보니 자연스럽게 손 글씨가 좋아질 수밖에 없었다. 좋아진다기 보다는 내 글씨가 남에게 바로 보여 지는 시절이라 정성스럽게, 남이 알아보기 쉽도록 썼다는 말이 더 정확하겠다. 그래서 내 나이 또래의 연배들은 대부분 글씨가 좋다. 거기에 나이에 걸맞은 자기만의 글씨를 가지고 있다. 그렇다면 손으로 글씨를 잘 쓰면 어떤 점이 좋을까?

집중력이 길러진다

공부하는 방법은 여러 가지라 본인에게 맞는 대로 해도 되지만 내가 추천하는 건 손으로 공부하는 것이다. 손으로 쓰는 것은 단지 손의 움직임이 아니라 우리의 뇌를 자라게 하는 공부 그 자체이기 때문에 반드시 연습해야 한다는 기사를 본 적이 있다. 손으로 글씨를 쓴다는 것은 머릿속의 있는 것을 단지 손으로 옮기는 작업이 아니다. 손으로 옮기면서 자연스럽게 한 번 더 생각해보고 읽어보고 해서 더 세련되게 만드는 작업이기도 하다. 생뚱맞게 들릴지 모르겠지만 손으로 글씨를 잘 쓰는 것이 수학 실력을 가늠한다. 나는 아들과 딸이 각각 한 명씩 있다. 아들보다는 딸이 수학을 좀 더 잘한다. 둘을 옆에서 천천히 보면, 못 하는 이유가 다름이 아닌 글씨에 문제가 있었다. 자기가 쓴 숫자를 본인이 못 읽으니 사칙연산이 틀리는 경우가 많았다. 아침마다 운동을 같이하는 수학 원장도 똑같은 말을 했다. 글씨를 정성 들여 안 쓰니 수학을 못 하는 것이라고. 그 친구는 글씨를 똑바로 쓰는 교육 또한 초등학교 시절 중요한 학습법이라고 말했다.

비단 초등학교뿐만 아니라 대학교 또한 마찬가지다. 특히나 이공계는 수학식이 많아서 더 신경 써야 한다. 수학은 집중력을 필요로 한다. 글씨를 똑바로 쓰는 것 또한 집중력을 필요로 한다. 머릿속에 있는 것을 밖으로 다시한번 생각하고 정리해서 꺼내는 것 또한 집중력이다.

그 사람을 다시 한번 쳐다보게 된다

학교를 졸업해서 회사에 가면 보고서라는 것을 쓴다. 많은 분량의 글을 쓰는 것은 아니지만 5장 이내의 글을 쓰는 경우가 많다. 우선 회사마다 어느 정도 보고서는 정형화되어 있어서 컴퓨터로 작업이 가능하다. 거기까지는 문제가 안 된다. 그러나 그 보고서를 프린트해서 첨언이나 내용을 수정할 때는 손으로 수정할 수밖에 없다. 글씨를 소위 '날림'으로 쓰는 경우 극단적으로 자기가 쓴 글을 나중에 자기가 모르는 경우가 발생한다. 반대로 글씨를 또박또박 잘 쓰는 경우의 보고서를 보면 다시 한번 그 친구를 쳐다보게 한다. 말은 안 하지만 윗사람이 보기에는 분명히 좋은 기억으로 남게 되는 것이다. 보고서를 수정할 때는 여러 색깔의 볼펜을 사용한다. 그래서 글씨를 잘 써야 하는 이유 중에 하나다. 여러 색이 섞여 있으면 당연히 더 알아보기가 어렵다. 오랫동안 몸에 익었던 글씨를 바꾸기는 쉽지 않다. 글씨체는 중요하지 않다. 중요한 것은 남들이 알 수 있게 또박또박 쓰는 버릇과 나이에 맞는 글씨체를 가지고 있어야 한다는 것이다. 항상 글씨를 쓸 때 남에게 보여진다는 기분으로 글씨를 써야 한다. 자기 생각이나 지적 능력을 표현하는 형식이 글씨이다. 글씨가 그 사람의 모든 것을 나타내는 것은 아니지만 글씨는 남에게 보이는 본인의 얼굴이다. 글씨가 반듯한 사람은 다른 것도 잘할 것 같은 그런 생각이 드는 것은 윗사람도 어쩔 수 없는 사람이기 때문이다.

상대방에게 호감을 줄 수 있다

손글씨를 잘 쓰는 것은 외국어를 잘하는 것만큼이나 상대방에게 호감을 줄 수 있다. 외국어를 잘하면 어떤 점이 좋을까? 무엇보다도 자신감과 자유로움 아닐까? 한다. 그럼 모든 사람이 다 외국어를 잘해야 하는가? 주위를 잘 보면 외국어를 1년 동안 한 번도 안 쓰는 사람도 부지기수다. 그런데 외국어를 잘하는 사람을 보면 어떤 느낌을 받는가? 무엇보다도 그 사람이 부러울 것이다. 글씨를 잘 쓰는 것도 이것과 별반 다르지 않다.

자기 모국어를 종이에 멋지게 쓰는 사람은 분명 사람들에게 호감을 받는다. 아무리 과학이 발달한다고 해도 사람들은 이런 아날로그적인 것에 매력을 느낄 수밖에 없다.

조선 시대 추사 김정희가 제주도로 유배 갔을 때 추사의 글을 구하려고 줄을 섰던 사람들을 생각해 보자. 얼마나 글을 잘 썼으면 그랬을까? 김정희는 위리안치라는 가시 울타리 밖으로 나가지 못하게 하는 유배형에도 불구하고 유배 생활은 수령의 배려로 자유로운 생활이 가능했고 수시로 글을 받아가려는 사람들이 줄을 서고 자기 자식들을 추사 밑에서 배우게 하려는 지역 유지들도 있었다고 한다. 글씨는 이렇게 김정희의 제주도 생활에 자유를 주었다. 우리가 추사처럼 잘 쓸 수는 없다. 그러나 글씨를 반듯하게 쓰는 것만으로도 충분히 호감을 줄수 있다.

글씨를 빨리 쓰는 것도 중요하다

공부는 필기 노트를 작성하는 목적이 아니고 이해하는 것이 목적이다. 자기만의 방법이 필요하다.

아무리 컴퓨터에 글자를 쓰는 시대라지만 항상 노트북을 가지고 다니는 것은 아니다. 바로바로 적어야 할 일이 주변에는 예상외로 많다. 그때는 아무 데나 적고 다시 정서해야 한다. 그때는 빠르게 받아 적으면서 자기만의 화살표나 기호를 이용해서 흐름을 잡아야 한다.

우리가 살면서 내가 모르는 분야에 대해서 상대방과 이야기 할 때가 많다. 그럴 때는 상대방의 모든 말을 다 받아 적는다는 것을 기본으로 한다. 물론 전부 받아적기는 불가능하다. 그래서 자기만의 도표나 화살표가 필요한 것이다. 나도 그런 경험이 있다. 충남 청소년진흥원에서 전문 강사 과정을 끝내고 참관수업을 나갔을 때 3일간의 전 과정의 강사 멘트를 받아 적은 적이 있다. 거기에다가 멘트와 활동은 몇 분 정도 걸렸고, 쉬는 시간은 어떤 음악을 틀었는지 3일 전 과정을 손으로 받아 적어 돌아와서 다시 노트북에 옮긴 적이 있다 그 결과 그 강사의 모든 멘트를 기본으로 내가 생각했던 멘트까지 한 번에 정리할 수 있었다. 당연히 남들보다 강의 전달방식이나 강의법은 월등히 나을 수밖에 없었다. 이것들은 평상시에 꾸준히 글자를 빨리 쓰는 연습이 있어야만 가능한 일이다.

그러면 글씨를 잘 쓰고 빨리 쓰려면 어떻게 해야 하는가?

우선 천천히 정자로 쓰는 법을 배운다. 시간을 내서 연습하면 좋겠지만 그럴 시간이 좀처럼 나지 않을 것이다.

평상시에 글씨를 쓸 때도 항상 이런 점을 의식하면서 쓰는 습관을 들인다. 좋은 방법은 내 다이어리를 남들에게 보여줄 수 있다고 생각하고 하루하루를 정리하는 것이다. 어떤 방법이든 자기 나름대로 글씨를 쓸 때 신경을 써서 쓰는 습관을 가져보자. 빨리 쓰는 방법에 대해서 하나 덧붙이자면 다큐멘터리를 볼 때 그 해설가가 한 말을 다 적어보는 방법이 있다. 그리고 한편을 다 보고 나서 자기가 적은 내용을 보고 다큐멘터리 내용을 노트북에 재구성해서 써 보는 방법이다. 그러면 글씨를 빠르게 적는 방법과 적은 내용을 다시 생각해보는 기회가 될 것이다.

중국 당나라 때 관리를 선발할 때 기준은 신언서판(身言書判)이었다고 한다. 이 말은 "사람을 가리는 방법은 네 가지가 있다. 첫째는 신(身)이니, 풍채가 건장한 것을 말한다. 둘째는 언(言)이니, 언사가 분명하고 바른 것을 말한다. 셋째는 서(書)이니, 필치가 힘이 있고 아름다운 것을 말한다. 넷째는 판(判)이니, 글의 이치가 뛰어난 것을 말한다. 이 네 가지를 다 갖추고 있으면 뽑을 만하다." 고 했다. 글씨는 예전부터 중요한 덕목이었다. 지금도 별반 다르지는 않다. 처음부터 악필은 없다. 또 악필도 연습하면 고쳐진다.

한자를 배워두면 여러모로 쓸모가 있다

내가 어렸을 때 신문은 세로 표기에 한자가 섞여 있었다. 그러다가 처음으로 한겨레신문이 순 한글로 신문을 발간하기 시작했다. 굳이 신문에 한자가 필요 없다고 판단했기 때문인 것 같은데 덕분에 평상시에 한자를 보는 기회가 그만큼 적어졌다. 그래도 한자가 나오는 것을 신문을 계속 읽다 보면 한자를 쓰지는 못하지만, 눈대중으로는 읽을 수는 있는데 좀 아쉽다는 생각이 든다. 또 내가 공부했던 중학교까지 한문 시간이 있어 이백, 두보의 시를 한자로 외운 기억이 난다. 그래서 그런지 한자에 대한 거부감이 없다.

'이공계를 다니는 학생이 한자까지 배워야 하나?'라는 질문을 받은 적이 있다. 하긴 전공 책은 거의 영어 원서를 번역한 것이고, 또 이공계 특성상 수학식이 많은 분야라 한자가 없어도 무방할 것 같은 생각이 들 것이다. 그런데도 한자를 마냥 등한시할 수는 없다.

이공계 학생들이 한자를 배우면 어떤 점이 좋을까?

일본말은 한자만 알아도 대강 이해가 된다.

우선 이공계를 졸업 후 직장에 가면 영어와 대등할 정도로 필요한 게 일본어다. 학교에서는 일본 책을 원서로 수업을 하거나 인용을 하지 않지만, 업무를 하다 보면 실제로 영어 다음으로 많이 사용되는 것이 일본어다. 일본어가 쉽다고 하지만 결국은 외국어이기 때문에 절대 쉽지 않다. 일본은 누가 뭐라 해도 기술 강국이다. 핵심 부품이나 설비는 일본 부품이 많은 부분을 차지한다.

그리고 우리나라에 예상외로 외국계 기업들이 많고, 상당수가 일본기업들이다. 그런 기업에서는 일본어 하나만 유창하게 잘해도 인정받는 회사도 상당히 많다. 일본어는 알다시피 한자를 기반으로 한 언어다. 일본어를 유창하게 한다는 것은 차치하더라도 일본어로 된 문서는 읽을 줄 알아야 한다. 일하는데 제품 매뉴얼을 보고 무슨 내용인지는 알아야 할 것 아닌가? 일본어는 한자만으로도 대강 어떤 내용인지는 절반 정도는 가늠할 수 있다.

실제로 나도 회사생활 하면서 독학으로 일본어를 공부했다. 일본어를 잘 읽는다고 일본에 6개월 출장 간 적이 있다. 독학으로 한 실력이 얼마나 되겠는가? 회화수준은 밥 사 먹고 물건 사는 수준이었지만 독해능력은 그나마 나았다. 처음에는 정말 한자로 필답하면서 배워나갔다. 만약에 어렸을 때 한자를 배울 기회조차 없었다면 어쩔 뻔 했을까?

이공계에서도 한자는 필수적이다. 업무가 가능한 수준 정도의 한자 실력은 필요하다. 한자를 배우는 것은 회사에 다니면서 한다는 것은 거의 불가능하다. 무엇보다도 그럴 만한 시간이 없다. 그나마 시간이 있는 학생 때 배워

두고 정 안 되면 눈으로라도 글자를 익혀 두어야 한다.

문무를 겸비하는 수준이 된다

한자를 알면 큰 힘을 발휘하고 자의든 타의든 간에 본인의 수준을 높여준다. 특히 이공계를 전공한 사람이 한자까지 쓰고 읽을 줄 안다면 다른 시각으로 볼 것이다. 같은 말을 하더라도 한자를 통해서 단어의 폭이 넓어지고 교양 있는 사람으로 평가받는다.

나는 초등학교 5학년 때 처음으로 한문학원을 5개월 다녔다. 거기에서 처음 배운 것은 사자소학이라는 책이었다. 첫 장에 우리가 잘 아는 구절인 '아버지 날 낳으시고 어머니 날 기르셨다.' 는 구절이 나온다. 그 책이 끝나면 명심보감을 배운다. 나는 사자소학을 끝으로 그만두었지만 지금 생각해보면 그때 그 짧은 기간 동안 사자소학을 배운 실력에 살아가면서 조금씩 익혔던 한자 실력이 지금의 내 실력이다.

나는 이공계 사람들이 한문까지 안다면 문무를 겸비했다고 말한다. 당연히 문은 전공이고, 무가 한자다.

남들이 나를 높게 평가해 준다

너무 옹졸하게 들릴지 모르겠지만 한자를 쓰면 좀 많이 아는 것처럼 보이고, 실제적으로도 그렇게 평가받는다.

가끔 TV에 나오는 명사들의 강연을 보면 화이트보드에 설명하는 경우가 있다. 한참 보고 있으면 화이트보드에 온통 한자와 화살표로만 채워진다. 왜 그 강사들은 한글을 안 쓰고 한자를 써가며 강연을 할까? 한글로 써도 충분히 가능한데 말이다. 더 이상한 것은 청중들이 그냥 듣는 것이다. 다들 한자를 알아서 듣는 걸까? 물론 강연은 한국말로 하니까 한국말을 한자로 칠판에 옮겨놓은 것뿐이니 한자를 몰라도 이해하는 데는 문제가 없을 것이다.

그럼 왜 강연을 하는 사람이 굳이 한자를 쓸까? 미안한 말인데 자기 자랑이라고 밖에 생각할 수 없다. 그럼 청중들은 그 강연자한테 어떤 생각을 가질까? '대단히 지식이 많은 사람일 것이다.' 라고 생각하고, 한편으로는 그 한자를 거부감 없이 보고 있는 자신도 그 부류에 속해 있다고 알게 모르게 생각하고 있을 것이다. 한자의 위치란 이런 것이다. 본인을 높여주는 도구인 셈이다.

한자에 관심을 가져라

그렇다고 다른 것도 할 게 많은데 또 한자까지 배우라는 말이냐고 묻는다면 이렇게 말해 준다. 좋아하는 사람이 생기면 만나고 싶어지고 보고 싶은 것처럼 그렇게 시작해라. 마음에 드는 문장이 있으면 한번 써 보고 옥편을 찾아보는 습관을 기르는 것이 중요하다. 어떤 모르는 단어가 나왔을 때 사전을 한번 찾고 거기에 맞는 한자를 3번씩만 쓰는 습관을 먼저 들이자.

그리고 상상하자. 다음에 친구들이나 여자친구, 부모님과 유명한 명소를 갔는데, 그 문화재를 설명하는 설명문에 한자가 많이 나온다. 물론 음이야 한글로 쓰여 있으니 읽겠지만 가로 안의 한자를 알아야 그 단어가 무슨 뜻인지를 확실히 알 수 있다. 그리고 절이나 사당에 가면 현판은 모두 한자로 되어 있다. 이 현판을 읽고 어떤 의미 인지를 설명해줄 수 있다는 소박한 꿈을 가져보자. 한자를 대하는 마음이 달라질 것이다.

한술 더 떠서 유명한 사람 묘지에 가면 비문이 있다. 그 사람의 출생, 업적 따위를 적어 놓은 문장일 테지만, 더듬더듬 이라도 읽어준다면 나랑 같이 가는 사람들이 나를 보는 눈이 어떨까를 상상하면서 한자 공부를 한다면 동기 부여가 될 것이다.

실제로 나도 그런 경험이 있었다. 천안 병천에 가보면 담헌 홍대용의 무덤이 있고 그 옆에는 담헌 친구인 연암 박지원이 쓴 비문이 있다. 모임에서 답사를 간 적이 있는데, 어떤 분이 읽고 해석을 해 주었다. 그분은 나와 같은 연배였다. 같이 간 사람들의 표정이 어땠을까? 다른 사람도 나와 같은 생각이었을 것이다. 그분의 얼굴에서 광채가 났다.

전공 공부하는 방법

이공계 쪽의 공부는 다른 학부보다 좀 더 까다롭다. 우선 책에 수식들이 많아 부담스럽다. 그런 수식들은 고등학교에서 배운 것에 대학에서 따로 배워야 할 부분도 많아서 힘들어하는 사람이 많다. 그래서 소위 수학 포기자(수학 포기자)들이 공부하기에는 어찌 보면 불가능할지도 모르겠다. 요즘은 학생들의 수학 실력이 많이 떨어져서 우리나라 최고의 대학이라는 곳에서도 신입생에게 대학교 수학을 다시 가르치고 있다고 한다. 글을 쓰고 있는 나 역시 수학에는 자신이 없다. 그런데 이 분야가 수학을 제대로 해 놓지 않으면 다른 과목들이 쉽게 이해가 되지 않는 게 문제다. 공과대에서 성적이 좋다는 것은 '수학을 얼마나 이해하냐?' 와 비례한다. 언젠가 EBS 다큐멘터리 '최고의 교수' 편에서 교수가 그냥 수식 유도한 종이로 칠판에 쓰고, 예제 서너 개 풀어주고 수업을 채우는 방식이 서로에게 가장 편한 방식이지만 이런 강의는 가장 수준 낮은 강의라고 했다. 그렇지만 아직도 학교에서는 이런 수식 풀이 위주의 강의가 이루어지는 것도 현실이다.

사회에서는 수학이 큰 필요가 없다

공대의 수업은 역학이라는 것을 배우기 때문에 물리학과 수학은 필수다. 기계공학을 보면 3역학이라 해서, 재료역학, 유체역학, 열역학을 기본으로 정역학, 동역학, 기계진동 등 거의 모든 과목에 수학식이 들어있고, 이것을 풀어감으로 과목 이해도가 높아진다. 그렇기 때문에 기본적인 물리학 개념이 있어야 과목이 이해가 되고, 물리적 개념에 수학이라는 응용지식을 가지고 있으면 더할나위 없이 좋다. 수학은 고등학교 수학에서 몇 가지 이론을 더 배운다. 라플라스 변환이라든지, 프리에 변환, 무슨 무슨 정리 등. 모두 역학 관계를 이해하는 기본수식이다.

대학은 기본적인 원리를 가르쳐주는 곳이다. 그 원리를 잘 이해할 수 있게 도와주는 학문이 수학이다. 그렇기 때문에 수학을 잘하면 그만큼 대학과목이 쉬워지고, 더 높은 학점을 따는 게 당연하다. 그렇지만 역설적으로 가장 많이 듣는 질문이 '이런 수학 밖에 나가면 써먹냐?' 는 말이다.

막상 직장생활에서는 어떨까? 일반적으로 제조회사는 여러 제품을 생산하지 않는다. 하나의 제품을 토대로 수정하고 발전시켜 새로운 제품을 출시한다. 회사는 기본적으로 나름의 설계표준을 가지고 있다. 이 표준은 오랜 경험으로 어떤 부품은 두께를 최소 얼마 이상으로 해야 하고 문제가 생기면 어떤 방법으로 개선을 해야 한다는 기본적인 매뉴얼이다. 게다가 요즘은 설계 도구나 해석 도구들이 많아 그것을 이용해 설계하는 경우가 대부분이다.

그렇기 때문에 학교에 다닐 때처럼 계산할 경우가 드물다. 사회에 나오면 수학능력이 떨어지더라도 업무에는 큰 영향을 주지 않는다는 것을 말해주고 싶다. 비단 일반회사인 제조업에 국한된 이야기일까? 연구소도 마찬가지다. 한 사람이 모든 분야를 잘하지 못한다. 자기의 분야에서 쓰는 계산식은 정해져 있다. 적어도 국책연구소에 가는 사람들은 그 분야에서 학위소지자들일 것이고, 그 말은 곧 그 분야의 전문가라는 말일 것이다.

그럼 수학을 안 해도 되겠네? 라고 생각을 하는 사람들에게 이런 말을 해주고 싶다. 수학은 필요하다. 수식을 푸는 것이 중요한 게 아니라 물리적인 현상을 간결하게 보는 방법이 수학이기 때문이다.

졸업해서 회사에 가면 제품 회의를 하는 경우가 많은데, 상대방을 설득시키는 가장 좋은 방법은 학교 때 배운 물리학적 개념. 간단한 수학적 개념을 이용하면 훨씬 남을 이해시키기도 편하고 전문가다운 이미지도 풍긴다. 다들 비슷한 공부를 했기 때문에 어떻게 간결하게 문제를 설명하느냐가 관건이다. 말로 구구절절 푸느냐, 그래프와 수식으로 간단히 이해시키느냐의 차이인 것이다.

수학은 암기과목이다

내가 고등학교 때 담임 선생님은 수학 선생님이었다. 선생님이 하신 말 중에 아직도 기억나는 말씀이 있다. '모든 교과 과정은 암기과목이다. 당연히 수학도 암기과목이다. 왜냐하면 기본적인 공식을 암기해야 하고, 이런 문제는 이렇게 풀어야겠구나 하고 문제 패턴을 암기하는 것이다.'라고 하셨다. 그 말은 곧 될 수 있으면 많이 보고 반복해서 풀어보면 외워지게 돼서 쉬워진다는 것이다. 실제로 전공공부는 잘 하는 방법은 개념과 원리를 알고 어떻게 적용되는지를 알려면 문제를 많이 풀어봐야 한다. 공대 전공과목은 거의 다가 수학을 사용해서 문제를 푸는 과정이다. 문제풀이가 중요한 것은 그래야만 자신만의 지식으로 쌓여가는 가장 빠른 방법이기 때문이다. 교수가 앞에서 개념설명 단조롭게 가르치지만, 문제풀이를 통해 본인이 이렇게 저렇게 엮어 가면서 더 확실히 아는 것이다. 그러면서 수학적인 개념이 실제 어떻게 적용되는지를 알 수 있다. 그렇지만 여기서 개념설명이나 기본적인 수식은 결국은 암기다.

수식 위주의 문제, 개념이나 의미파악이 중요하다

일반적으로 대학 수업은 교수가 수업에 들어와서 칠판에 수식을 전개하고 마지막 수식을 유도하고 이해하라는 식으로 끝낸다. 내가 대학 다닐 때인 1990년대 중반 때도 그랬고, 지금도 대부분 그렇다. 왜 이런 수식이 중요한지에 대한 설명이 없으니까 대부분의 학생이 수업에 만족을 못 한다.

나도 실무에서 15년 이상 일을 하고 난 후야 그 수식이 의미하는 것을 어렴풋이 알 것 같았다. 한번은 내가 15년간을 해온 분야인 진동학이라는 과목으로 대학원 수업을 한 학기 맡은 기회가 있었다. 대학원생들도 수식이 어렵기는 매한가지다. 특히나 그 수업은 일명 산업대학원으로 졸업 후 직장에서 일하다가 이런저런 이유로 다시 학교에 들어오신 분들이다. 열정은 대단하지만, 수학이라는 과목은 졸업과 동시에 잊고 살았던 분들이었다.

첫 수업 때 포스트잇에 한 학기 동안 어떻게 수업을 진행했으면 좋겠는가? 어떤 것을 배우고 싶은가에 대해서 써내라고 했다. 수강생 27명 중 산업대학원 학생은 17명, 일반대학원은 10명이었다. 산업대학원 학생들은 실제적인 사례를 많이 소개해 달라는 주문을 했고, 일반 대학원 학생은 수식의 물리적

의미를 가르쳐 달라고 했다. 수식은 본 것 같은데 어디에 써야 할지, 수식이 어떤 의미를 가졌는지를 궁금해했다. 수업은 수식 없이 물리적인 설명 1시간, 교과서에 나오는 수식을 풀지는 않되 흐름만 보고 마지막 도출 공식이 의미하는 것이 어떤 것인가에 설명 1시간, 실제 적용사례를 들어서 1시간, 이렇게 일주일에 3시간을 수업을 했었다. 끝나고 받은 수업 평가는 굉장히 좋았다. 나는 그때 주안점을 둔 것이 전개되는 수학식은 교과서를 보고 천천히 풀어보라고 했고, 전개하는 과정과 마지막 수식은 어떤 의미를 지니고 있는지를 설명했다. 그리고 그 의미를 다시 그래프로 그려보는 방법, 반대로 그래프를 보고 수식을 생각하게 했다. 학생들의 평가는 어려운 수식은 이해가 부족하더라도 이렇게 진행하니 그 개념을 이해하는 게 어렵지 않았다고 했다.

예를 들면 이런 것이다. 누가 우리에게 '시간'에 대해서 설명해 보라고 했다 치자. 딱히 '시간'에 대해서 수학적, 물리학적으로는 설명을 못 하지만 머릿속에 뭔가 그려지는 어떤 개념이 있다. 공학에 나오는 수식도 그렇다. 곰곰이 생각하면 그럴 것 같은 현상을 수식으로 써 놓은 것뿐이다. 두려워하지 말고 기본 의미부터 머릿속에 그려 놓고 접근하면 된다.

유튜브 등을 이용해 실제 적용사례 찾자

'백문이 불여일견'이다. 구글링해서 동영상을 찾아서 보면 훨씬 이해가 쉽다. 내가 수업시간에 쓰는 방법이다. 수식 없이 물리적으로 설명하고 그에 적합한 동영상 한두 개 보면, 금방 알 수 있다. 예상외로 나 같이 고민하는 사람들이 세계적으로 많다. 다른 것은 그 사람들은 그런 궁금증을 풀어 보려고 프로그램으로 구현해보는 사람이라는 것이다.

반대로 나는 그런 영상들을 보고 이해하는 사람이다. 그런 도전 있는 사람들의 힘을 빌려서 공부하는 것이 어찌 보면 더 현명할 수도 있다. 활자로 보는 것이 이해가 안 돼도 그것을 시각적으로 보면 이해가 된다. 또 구글에서 관련 동영상을 찾다 보면 관련 있는 동영상 중에 본인이 예전에 궁금해 왔던 것을 이해시켜주는 내용도 심심치 않게 찾을 수 있다. 물리적인 의미를 동영상을 통해 보는 것은 직관력을 키우기에 더없이 좋은 자료다.

모르면 모르는 대로 우선 넘어가자

마지막으로 해도 해도 이해가 안 되는 부분은 과감히 한쪽에 밀어둔다. '그런 거 모른다고 인생에 큰일 나는 거 아니니까.'라고 생각해 버리자. 이런 것이 나중에 직장에 다니면서 관련 분야 업무를 하면서 실무를 하다 보면 자연스럽게 알게 되는 경우가 있고, 교과 과정 중 중요도가 떨어지는 부분일 수도 있다. '독서백편의자현'이라는 말을 알 것이다. 한 권의 책을 백 번 읽으면 자연히 알게 되는 경우다. 실제로 전공부분도 많이 읽으면 읽을수록 알게 된다. 적어도 알 것 같은 착각(나는 자신감으로 부르고 싶지만)에 빠져 넘어갈 수 있다. 그러면 그 내용은 아는 것이다. 굳이 이해가 안 되는 내용을 그 자리에서 다 알겠다는 욕심을 내려놓으면 편해진다. 전공을 잘 모른다고 실제 업무를 못 하는 거 아니다. 일반적으로 제조업에서 물건을 만들 때 전공내용을 얼마나 쓸까? 개인적인 의견으로는 20% 정도 이하라고 생각한다. 앞에서 말했지만 회사는 지금의 물건에서 조금씩 변경되고 개선된 제품이 개발 될 뿐이다. 지금까지 만들어 왔던 도면과 제조방법이 다 매뉴얼화 되어 있다. 그렇기 때문에 학교에서 배운 어려운 전공 공식을 대입할 일이 별로 없다. 물론 배경지식을 알아야 제품에 대한 이해가 쉬운 것은 사실이다. 알면 좋지만 잘 모른다고 의기소침해할 필요 없다는 말이다. 모르면 그때 모르는 부분을 더 공부해도 된다. 예상외로 세상에는 학교 다닐 때 배운 모든 지식 중에 아주 작은 일부분만 쓴다.

수학이라는 것에 너무 겁먹지 말기를 바란다. 그렇다고 필요 없다고 생각하지도 말기를 바란다. 열심히 해서 물리현상을 간단히 보겠다는 마음으로 접근하면 차라리 속 편하다. 우선은 물리적인 사고가 우선이고 그것을 도와주는 것이 수학이다. 물리적인 사고는 인터넷이라는 것을 이용하면 시각적으로 이해가 쉬운 자료들이 많다.

스터디그룹

고등학교 때까지는 전체적으로 같은 선생님에게 같은 과목을 배운다. 그러나 대학을 오게 되면 고등학교 때 보다 과정 자체가 깊이가 있다. 다시 말해 고등학교 실력이 기반이 되어야 하고, 덧붙여 심도 있는 공부를 해야 한다. 혼자서는 공부하기가 한계가 있을 수밖에 없다. 스터디그룹을 만들어 공부해야 하는 이유다. 이 공부법의 장점은 관심 있는 과목을 같이 공부해 가면서 서로의 의견을 물어보고, 같이 공부하는 과정 중에 나와 다른 생각을 들을 수 있다는 것이다.

흔히 스터디라고 하면 어떤 과목을 정해서 공부하고 시험 볼 때 서로에게 도움을 주자는 취지로 생각하기 쉽다. 그런데 그것보다 한 단계 높게 생각해야 한다. 이 활동은 협동심을 기르는 하나의 훈련이다. 공부하고 협동심하고 무슨 관계가 있는가? 라고 반문하겠지만 협동심이라는 게 몸을 움직여 동일 목표를 이루는 것이라고 한다면 스터디그룹 또한 머리를 써서 동일 목표를 이루는 것이다. 또 본인 혼자서 공부하는 것보다 같은 부분을 여러 명이 공부한다는 것은 의미가 있다. 우선 본인이 놓치고 지나갔던 부분을 상대방이 발표함으로써 본인에게 또 다른 도전을 줄 수 있다. 예를 들면 어떤 활동을 같이하는데 더 잘하기 위해서 서로 책을 봐가면서 공부하고 격려하는 것도 스터디인 셈이다. 나는 아침마다 검도를 하는데, 같이 운동하는 몇 사람과 동영상을 같이 보고, 자세를 바로잡고, 검도 관련 책이나 자료가 있으면 공유하는 모임이 있다. 그것을 우리는 검도 스터디라고 한다. 또 사회에 나오면 공부라는 이름보다는 공통 관심사로 모임을 만드는 경우가 많다. 이것도 스터디다. 내가 아는 것과 미처 내가 몰랐던 것을 같이 공부하는 것이기 때문이다.

좀 더 넓게 본다면 회사에 가더라도 어떤 프로젝트를 진행할 때 혼자서 하는 경우는 거의 없다, 여러 부서가 같이 모여 회의하고 진행 상황 확인하고 앞으로의 갈 방향으로 모색하는 게 일반적이다. 회사 생활뿐이 아니라 사회 모임도 같다. 서로의 장점을 살려서 의견을 모아서 좋은 방향으로 만들어 가는 것이다. 학교 다닐 때 스터디 그룹의 활동이 나중에 졸업 후 큰 역량이 될 수 있다.

가르치다 보면 확실히 학습 내용이 더 잘 이해된다

학교 선생님이 학생들보다 더 나은 이유야 많겠지만, 그중 하나는 남을 가르치기 위해 내가 더 확실히 알아야 한다는 부담감 때문에 더 집중해서 공부한다는 것이다.

나는 소음 진동 관련 업무를 15년 이상을 했다. 이 기간에 일반기업체 연구소에서 실험하고 보고서 쓰고 논문 발표를 했다. 후배들이 들어오면 교육도

담당하다 보니 자연스럽게 남들보다 더 깊게 공부해야만 했다

직장을 그만두고 개인사업을 하는 중 겸임으로 학교수업을 할 기회도 있었다. 내가 오랫동안 한 분야에 일해서 많이 알고 있다지만 대학교 교재를 심도 있게 본 것은 거의 20년 만이었다. 자연스럽게 학교 다닐 때보다 더 많은 시간 책을 봤다. 하루에 2시간씩 보면서 수업자료를 만들었다. 어떻게 하면 쉽게 이해할 수 있게 가르칠 것인가를 고민했다. 교재도 한 권이 아닌 우리나라에 나와 있는 동일 과목 교재 3권을 번갈아 보면서 고민했다. 나중에 수업평가를 둘째 치더라도 내가 남을 가르치기 위해 공부한다는 것은 내가 이 내용을 더 확실히 이해할 수밖에 없게 만든다. 덕분에 나는 1학기 동안 3권의 책에 대해서는 남들보다 더 깊게 공부할 수 있었다. 이렇듯 가르치는 입장이 되면 학습 내용을 더 잘 이해할 수 있다. 남에게 가르치는 것이 결국에는 본인의 학습에 도움이 된다는 것은 미국의 교육기관인 NTL(national training laboratory)에서 증명되었다. NTL에서 만든 학습 피라미드를 보면 학습효과는 단지 강의를 듣는 것은 5%, 책을 통한 학습은 10%, 시청각 수업을 하면 20%, 남의 시범을 직접 보면 30%, 집단토의를 한다면 40% 정도라고 한다. 그렇지만 직접 실제로 직접 해보는 것이 75%, 마지막으로 본인이 직접 남에게 가르치는 것은 90%의 학습효과를 낸다고 한다. 스터디는 90%의 학습 효과를 내는 방법이다.

스터디그룹은 서로 간의 승승이다

스티븐 코비의 유명한 책 '성공하는 사람들의 7가지 습관'이라는 책에서 소개된 인간의 상호 4가지 작용이 있다. 나도 이기고 남도 이기는 승승관계, 그다음은 우리가 살면서 은연중에 행동하고 있는 나는 이기고 남들은 지는 승

패관계, 반대의 패승관계, 마지막으로 나도 너도 다 지는 패패관계다 물론 나도 좋고 덩달아 상대방도 좋은 최상의 조합이 승승이다.

스터디그룹도 4가지 관계 중 승승관계다. 내가 공부한 것을 남들에게 알려줘서 좋고, 내가 모르는 것을 상대방을 통해 알아서 승승관계인 것이다. 이런 승승관계를 접해 본 사람은 사회에 나가서 내가 무조건 이겨 남들 위에 서겠다는 승패의 관점에서 벗어날 수 있다. 내가 현재 이기는 관계나 내가 현재 지는 관계는 나중에 사회적위치가 역전되었을 때는 분명히 서로 앙갚음하는 패패의 관계가 될 수밖에 없다. 결국은 승승의 관계를 추구해야 하는데 스터디그룹은 딱 거기에 알맞은 활동이다.

그렇지만 스터디그룹을 만들어서 하면 좋다고 생각하면서도 막상 활성화하지 못한다. 이유는 여러 가지가 있겠지만, 본인이 어렵게 공부한 것을 남과 공유하기 싫은 것이 가장 큰 이유일 것이다. 또 스터디그룹을 유지하는 것도 생각만큼 쉽지 않다. 사람 각자마다 개성이 있기 때문에 의견충돌이 있을 수 있다. 극단적으로 깨지고 다시 만들어지는 경우도 많다. 본인의 준비 부족으로 또는 상대방의 준비 부족으로 지속하지 않도록 서로 간에 격려와 의기투합이 중요하다. 4가지 관계에서 서로 승승하는 것이 제일 좋지만, 이 관계 형성이 제일 어렵다. 서로 간의 승승을 위해서는 남을 배려하는 노력이 필요하다. 그것을 스터디 그룹 활동을 통해 배우는 것이다.

인적 네트워크가 만들어진다

학교 다닐 때의 나의 인맥은 어디까지일까? 인맥이라고 하면 안 좋은 이미지를 떠오르니 그냥 네트워크라고 말하자. 기껏해야 동기, 선후배, 좀 더 생각하면 교수 정도일 것이다. 그러나 그것을 무시해서는 안 된다. 옛말에 "인맥으로는 문에 들어갈 수 없지만 문 앞에 설 수는 있다."는 말이 있다. 이 말의 뜻은 본인의 실력이 그만큼 중요하다는 말이겠지만, 그 전에 문 앞에 자신을 세워줄 수 있는 것은 인맥이다. 스터디 그룹은 사회에 나가기 전 인적 네트워크를 확장하는 초기 단계다. 이 모임의 사람들을 통해 더 많은 사람을 만날 수 있고, 이 사람들이 사회에 나가 각자의 분야로 진출하면 언젠가는 큰 힘이 될 수 있다. 적어도 학교생활 하면서 같은 걸 고민하고 공부했으니 단순히 같은 학교 다녔다는 것보다는 훨씬 더 가까운 사이일 것이다. 같은 것을 공부하고 사회에 나가서 서로 도움을 주고받을 수 있는 상대적으로 쉬운 방법을 포기하지 말아야 한다.

대학원은 나와야 하나?

　사람들은 학력에 대한 욕심이 많다. 앞날에 대한 대비 없이 무조건 학력이 높으면 좋다고 막연하게 생각하는 경우가 많아서일지, 아니면 정작 학문에 대한 열의가 높아서 일지는 모르겠지만 여하튼 학력에 대해 집착하는 것은 사실이다. 학부를 졸업하고 큰 무리가 없다면 개인적으로 대학원을 가기를 추천한다. 그렇다고 박사과정까지는 추천하지 않는다. 이유는 박사학위를 가지고 있으면 본인 스스로가 '나는 그 분야의 최고다. 더 배울 게 없다.'라고 본인의 한계를 지어버린 경우가 많다. 또 회사 차원에서도 박사 타이틀에 맞는 자리가 있는 경우에만 채용하겠다고 생각을 하게 된다. 박사라는 위치는 정말 전문기술로만 살아가는 사람이지만 이 사회에서 예상외로 그런 기술을 필요로 하는 자리는 제한적이다. 그만큼 취업의 문은 좁아진다.

　그렇지만 석사까지는 한번 도전해 보는 것을 추천한다. 학부 때도 두꺼운 전공 책으로 공부를 해 했는데 또 2년 이상을 공부해야 한다고 볼멘소리를 할 수도 있지만, 경험상 실보다는 득이 많은 과정이다. 알다시피 학부 전체 과정을 다시 배운 것은 아니고 본인이 선택한 전공과목을 좀 더 깊이 배우기 때문에 더 전문성을 띨 수 있다. 대학원에 가면 어떤 것이 좋은가?

취업의 폭이 넓어진다

학부 때보다는 당연히 취업의 폭이 넓어진다. 여기에는 두 가지 의미가 있는데, 하나는 내가 선택할 수 있는 직장의 범위가 넓어진다는 의미다.

일반적인 기업에서 국책연구소라는 직업군이 하나 더 포함된다. 물론 학부를 졸업하고도 갈 수 있지만, 우선 정보가 부족해서 못 가는 경우와 취업기준에 미달해서 못 가는 경우가 대부분이다. 취업기준이 대학원 이상이라고 아예 못 박혀 있는 경우가 대부분이기 때문이다. 실제로 국책연구소는 거의 다가 대학원 석사 이상을 나온 사람들이다. 그런 기준을 만들어 놓은 것은 학부를 나온 것보다는 당연히 대학원을 나온 경험이 연구에 도움이 되기 때문이다. 두 번째는 기업체에서 이왕이면 대학원을 졸업한 사람을 선호한다. 물론 앞에서 말한 것처럼 박사학위를 가진 사람은 나이에서나 학위의 부담감 때문에 꺼릴 수는 있지만, 학부 졸업생들보다는 석사를 선호한다. 기업의 입장에서도 대학원을 나왔으니 좀 낫지 않겠냐는 막연한 심리도 작용할 것이고 실제로 일을 맡겨보면 일을 처리하는 과정이 더 섬세하기 때문이다.

논문은 하나의 주제를 정리하는 것이다

일반적으로 제조업은 기존 제품을 더 간편하게 수정, 개발하는 곳이기 때문에 엄청난 실력의 개발 소유자를 필요로 하지 않는다. 어떤 일을 할 때 계획을 세우고 계획대로 프로젝트를 이끌어갈 수 있는 능력을 최고로 친다. 하나 더 원한다면 프로젝트를 다 끝내고 전반적인 발표까지 해서 전체를 마무리 지어주면 된다. 그런데 이런 일련의 과정들이 적어도 회사생활 5년 이상은 어깨너머로 배워야 한다는 사실이다. 반면에 대학원을 졸업한 사람들은 그 기간이 빠르다. 수년 동안 단련된 면도 있겠지만 무엇보다도 논문이라는 것을 쓴 것이 큰 도움이 된다. 목차부터 설정해서 실험 방법 및 문헌 조사까지 한 번이라도 논문을 작성해본 사람은 큰 어려움 없이 프로젝트를 진행할 수 있다. 나도 회사 생활할 때 들었던 말 중에 "이 친구는 어떤 식으로든 맡겨진 일에 대한 결과를 내보인단 말이야. 한눈에 프로젝트 진행과 결과를 볼 수 있게 만들어 놓은 능력이 있어." 라는 말을 많이 들었다. 그냥 논문을 썼던 순서대로 일을 진행했을 뿐인데 그것인 그냥 몸에 밴 것이다.

회사에 가면 의미 있는 프로젝트가 하나 끝났다면 마지막의 결과물은 특허나 학회발표논문으로 마무리 지어주면 더할 나위 없이 좋다. 결과가 조금 안 좋더라도 회사 이름으로 특허나 논문이 나온다면 윗사람들은 그 프로젝트가 실패했다고 생각하지는 않는다. 물론 지금은 논문을 써도 회사 사정상 기술정보 노출이 염려돼 발표하지 못하게 하는 경우도 있다. 또 '논문 쓸 시간 있으면 일이나 해라.' 라고 말하는 사람이 있을 수 있다. 그러나 회사에 기술을 유출하지 않는 수준에서 논문은 쓰는 편이 낫다. 이런 것이 나중에 내 경력에 지대한 영향을 미칠 수 있다. 논문발표를 함으로써 인맥을 넓히는 하나의 방법일 수도 있고, 발표를 통해 자신을 알리는 방법이기도 하다. 이런 논문이나 특허는 학부만 나와서는 쓰기 힘들다. 무엇보다도 안 써봐서 어떻게 시작할 줄 모르는 두려움이 크기 때문이다.

중요한 것은 적극성이다

물론 논문을 쓰는 방법이나 데이터를 처리하는 방법과 결과를 도출하는 방법이 남보다 그저 2년 더 공부했다고 나오지는 않는다. 그 기간 적극적이냐 수동적이냐에 따라 달라진다. 금방 2년이 지나간다. 그 기간 어떤 주제에 대해서 논문을 쓸 것인지 어떻게 접근할 것인지는 혼자서 결정해야 한다. 자칫하다가는 2년이라는 기간이 선배나 교수의 의견을 받아서 논문을 쓰는 기간이 될 수도 있다. 그냥 졸업만 한다고 생각하면 어쩔 수 없지만, 얼마나 주도적으로 썼느냐가 중요하다. 적극적인 노력이 있어야 한다는 이야기다.

회사에 가면 선배도 교수도 없다. 대학원 나왔다고 눈을 흘겨보는 사람이 있을 수도 있다. 내가 회사에 취직했을 때 대학원 석사를 나온 사람이나 혼자였다. 부담감도 부담감이지만 일을 어떻게 하는가 보자 하고 벼르고 있었던 사람도 분명히 있었다. 어떻게 주도적으로 프로젝트를 설계하고 풀어가고 정리할 것 인가가 회사에서 자신의 위치를 결정지어준다. 물론 결과가 좋으면 좋겠지만, 잘 안 되는 일이 다반사다. 그렇더라도 일을 주도적으로 하고 있는지, 끌려가고 있는지 윗사람들은 다 안다. 회사에서는 획기적인 발명이 중요한 게 아니다. 일을 어떻게 이끌어 가느냐는 방법과 태도가 중요하다. 그것의 기본은 학교 다닐 때 주도적으로 논문을 한 편 써 봤냐에서 시작한다.

물론 대학원을 안 나온다고 일을 못 하는 것은 절대 아니다. 다만 나오면 데이터를 처리하는 과정 자체가 세련되기 마련이다. 2년이라는 시간을 더 투자할 만한 분야인가를 먼저 살펴보고 결심이 서면 투자 해 보길 권한다.

공부가 정답은 아니다

공부하는 게 참 고상한 취미인 것 같기도 하고, 성공을 불러올 것 같지만, 막상 대학까지 했던 공부를 세상에 써먹을 확률은 별로 없다. 공부한다는 것은 좋은 습관이지만 공부를 해서 성공할 수 있는 사회는 아니다. 법이나 의사, 약사 같은 특수한 분야를 공부한 사람을 제외하고 생각해 보면 세상을 살아가는데는 굳이 많은 양의 공부가 필요 없다고 할 수 있다. 이공계의 경우 취업을 했을 때 미분 적분, 삼각함수, 방정식을 배웠던 수학을 사회에 나가서 쓰는 경우는 극히 드물다. 인생에서 공부는 대학 때 배운 학과 공부가 전부가 아니다. 심하게 말해 10%도 안 되는 공부다. 세상을 살아가는데 사람끼리 부대끼며 세상을 살아가는 방법을 아는 것이 진짜 공부다. 이공계를 전공한 사람은 이런 부분에서 상당히 약하다. 같이 분야를 공부한 사람끼리 공장에 모여 일을 하기 때문에 생각하는 방식이 비슷하다. 그런데 사회에는 여러 부류의 사람들이 산다. 성향이 분석적인 사람도 있겠지만 정반대 부류의 사람들이 더 많다. 항상 염두에 둬야 한다.

공부하는 것 말고도 살아가는 방법은 많이 있다

공부한다는 것은 참 어려운 일이다. 한자리에 오랫동안 앉아 있어야 하고, 기본적으로 외워야 하고, 정신 집중해서 외운 것을 기초로 이해해야 하는 반복과정이다. 이 어려운 것을 해도 인생에서 엄청난 돈을 벌거나 인류사회에 기여할 기회는 생각보다 적다. 또 공부해서 높은 자리에 올라가는 것도 아니다. 물론 높은 자리에 올라가는 사람은 공부를 많이 한 사람인 경우는 많지만, 그 숫자는 대학을 나온 전체 숫자에 비하면 극소수다.

학교라는 울타리를 벗어나면 정말 많은 직업이 존재한다. 어떻게 생각하면 소위 전공이라는 공부가 그런 틈새 직업으로의 진출을 막아버리는 것일지도 모른다.

차라리 사람을 만나라

사회를 살아가는데 가장 중요한 게 뭐냐고 묻는다면 나는 사람과의 관계, 관계를 맺기 위한 노력과 경청, 말하는 습관이라고 생각한다. 문학을 하는 사람들은 자기만의 세계에서 작품을 구상한다고 한다. 그렇지만 그 문학하는 사람들도 사회에 나오면 주위 사람과의 관계에서 성장하고 발전한다. 대학 졸업 후 취업이 바로 되지 않는 사람들이 의기소침해서 도서관에서 공부한다고 책만 보는 게 정답은 아니다. 지금 취업을 못 한다고 인생이 크게 달라지는 게 아니니 자신 있게 친구를 만나고 사회 동아리 활동을 하는 게 더 현명하다. 나는 집 옆 도서관이나 지역 도서관을 많이 이용하는 편이다. 퇴근하면 도서관에서 한두 시간 책을 읽고 집에 간다. 주위를 찬찬히 살펴보면 항상 같은 수험서 같은 걸 가지고 다니면서 보는 사람들이 있다. 학생도 아니고 나이가 어느 정도 있어 보인다. 열심히 하는 것 같지도 않고 핸드폰을 만지작거리거나 자리를 비우는 경우도 많다. 이런 경우는 아직 취업은 못 해거나 직장을 다니다가 조금 쉬는 경우다. 역시나 말을 할 수 있는 기회가 있었는데, 후자였다. 직장을 그만두고 다른 일을 찾는다고 한다. 더 깊게 물어보는 것은 실례가 되는 것 같아 더 물어보지 않았다.

우선 사회에 나가 본 사람이라면 차라리 주위 사람들이나 친구들을 만나는 게 도서관에 와서 애꿎은 책을 보는 것보다 더 현실적이지 않겠는가? 하는 생각이 들었다. 도서관에 이렇게 자기 일을 찾지 못하고 막연히 책만 펴 놓고 인생을 고민하는 사람들이 많다. 할 줄 아는 게 공부밖에 없으니 또 공부한다. 그것이 생산적이지 않다는 것을 알지만 달리 선택할 방법이 없는 것이다. 그 시간이면 차라리 사회적 모임이나 다른 분야를 한번 알아보고 도전해 보는 것이 훨씬 생산적이다.

공부를 못한다고 인생을 못 사는 것은 절대 아니다

공부는 일종의 재능이다. 공부를 못한다는 것은 단지 내가 그 재능이 없을 뿐이다. 목표가 없는 공부보다 차라리 자기가 좋아하는 분야를 찾는 편이 자기 인생을 살아가는 제일 나은 선택이다. 나중에 공부에 재능이 많은 사람을 채용해서 자기 분야를 일구는 편이 훨씬 효율적이다. 학교공부를 못한다고 인생에 낙오자가 아니라는 것을 항상 자신에게 말할 수 있어야 한다.

이제 공부로 인생을 바꾸는 시대는 지났다. 공부 말고도 세상을 살아가는 방법이 많다. 본인에게 공부에 대한 재능이 부족하다면 과감히 다른 방향으로 눈을 돌려야 한다.

어떤 직업을 선택해야 할까?

'왜 대학을 나오는가?' 라는 질문에 학문 연구네, 지성인이 되기 위해서라는 식의 교과서에서나 나올 법한 답을 하는 사람은 이제는 없다. 그럼 왜 대학을 나올까? 당연히 본인이 원하는 곳에 취직하려고 대학을 나온다. 그리고 학문에 대한 원대한 포부가 없는 한 대학 졸업 후 취직하는 게 일반적이다.

어디에 취직할 것인가에 대한 스트레스는 졸업 학년이 되면 특히 심하다. 본인이 원하는 회사는 있는데 그 회사는 나의 가치를 몰라주는 것 같다. 게다가 같이 공부하고 실력도 비슷한데 어떤 친구는 소위 대기업, 연봉이 많은 기업에 떡 하니 가는 것을 보고 본인도 당연히 그런 곳에 갈 수 있을 것이라고 생각한다.

현실은 그렇지 않다. 몇 번의 고배를 마시다 보면 의기소침해지고 자기 자신에게 화가 나고 나를 알아주지 못한 사회에 화가 난다. 나는 이런 친구들을 볼 때마다 취업은 실력도 실력이지만 운이라는 것도 무시할 수 없다고 말을 해준다. 이력서 몇 장으로 우리 회사에 그 사람이 적당하냐 아니냐를 평가하는 사람들에게 그 사람이 운 좋게 선택되는 것이라고 말해준다. 사실 그렇다. 나도 회사에 다닐 때 부서의 인원충원을 위해 이력서를 검토한 적이 있다. 어차피 비슷비슷한 실력인데 증명사진 하나에 학점, 인적 사항, 자기소개서 몇 장을 보고 사람을 뽑는다는 것은 회사 차원에서도 모험이다. 그래서 가장 우선으로 지역에 연고를 두고 있는 사람을 우선으로 뽑아서 내 상사에게 올렸다. 내 기준은 회사에서 오래 일할 수 있는 사람이 우선이었다. 그러다 보니 아무래도 지역에 사는 사람이 우선이 되었다. 이렇듯 실무진에서 선발기준은 참 주관적이다. 그래서 나는 본인이 원하는 직장을 가고 못 가는 것은 운이라고 말한다. 지금 당장 취업이 안 되더라도 낙심하지 말라는 말이다. 또 무작정 아무 곳이나 원서를 넣지 말고 우선 생각을 해보고 직장을 선택하라는 말이기도 하다.

그럼 어떤 직장을 선택해야 할까? 우선 직장이라는 개념을 본인 스스로 정의하는 것이 중요하다. 그곳은 단순히 돈을 버는 곳이라는 것보다 자신의 능력을 알아가는 기회를 제공하는 곳이다. 개인적으로는 자존감을 느끼게 하고 여러 사람과 일을 하고 다른 사람에게 인정받고자 하는 사람의 마음을 실현하는 곳이기도 하다. 그러는 의미에서 어떤 직장을 선택할 것인가는 대단히 중요하다.

성장 가능성 있는 직장을 선택하라

누구나 남들이 선호하는 직장을 가고 싶어 한다. 남들이 선호하는 직장이란 소위 대기업이나 연봉이 많은 회사일 것이다. 그런 직장에 들어가야 대학 생활에 보답을 받은 것 같고 목에 힘도 들어가고 남들에게도 명함을 줄 때도 위신이 선다. 당연한 일이다. 그런데 알다시피 그런 직장은 드물다. 우리나라의 대학 졸업생을 받아줄 기업 대부분은 중소기업이다. 나도 학교를 졸업하고 조그만 회사에 갔다. 정확한 숫자는 기억이 안 나지만 직원이 70명이 조금 안 되는 회사였다. 연구소 직원을 포함해서 관리직이 30명, 나머지가 생산직인 회사였다. 당연히 내가 공부했던 시간에 비교해 급여는 한참 못 미쳤다. 15년이 지난 지금 그 회사는 직원 600명을 둔 큰 기업으로 성장했다. 연구소 인력만 100명 이상으로 성장을 했다. 그 당시 그 회사에 들어갔을 때 대학원 나온 사람은 나 혼자였고 심지어는 같은 고향 사람도 한 명 없었다.

나는 왜 그 회사를 선택했을까? 우선 성장 가능성을 보았다. 여러 방면으로 알아본 결과 그 회사 생산 제품은 우리나라에서는 경쟁상대가 없는 유일한 회사였다. 물론 외국 업체가 한국에 들어와 있긴 하지만 제조는 다른 나라에서 하고 한국에서는 단지 부품을 조달하고 품질만 대응하는 회사들이었다. 그러나 내가 들어간 회사는 외국계 기업이기는 하지만 자체 연구소가 있어 설계부터 제조까지 할 수 있는 회사였다. 이 정도면 작지만 젊음을 투자할만한 회사라고 생각했다. 개인적으로 열심히 하면 회사가 커감에 따라 나도 성장할 수 있을 것이라는 가능성을 본 것이다.

우선 어떤 일을 할 것인가를 생각하고 그 일을 할 수 있는 직장에 들어가서 그 분야의 일을 해야 한다. 직장은 생계를 위해 돈을 버는 곳이기도 하지만 미래에 밑천이 될 수 있다는 생각도 가져야 한다. 무작정 들어가고 보자는 생각은 접어두어야 한다.

관심사를 넓혀보라

본인의 전공 고집하지 말고 다방면으로 관심을 가져보길 바란다. 예를 들면 기계공학과 나왔다고 반드시 기계설계를 하겠다고 고집하지 말라는 말이다. 꼭 기계 분야가 아니더라도 겁을 먹지 말라는 말이다. 하나의 제품을 만드는 데는 여러 사람이 힘을 합쳐야 한다. 여러 부서의 전문가들이 같이하는 것이다. 예를 들면 어떤 아이가 야구를 엄청나게 좋아한다. 그 아이의 꿈은 야구선수다. 그런데 신체적으로 왜소해서 야구선수로 그라운드에 서는 것은 불가능하다. 물론 열심히 노력하면 가능성은 있겠지만 가장 기본적인 체력이 야구를 하는 친구들에게 못 미친다. 그래도 아이는 꼭 야구를 하겠다고 한다. 그래서 아빠가 이렇게 말했다.

"생각의 폭을 조금만 넓혀보면 야구를 하는데 꼭 볼을 던지고 받거나 방망이를 휘두르는 선수만 있는 것은 아니다. 야구심판이라는 직업도 있고, 야구기록원이라는 직업군도 있다. 선수가 다쳤을 때 응급조치를 해주는 사람도 야구라는 운동을 같이하는 사람들이다. 오히려 그런 사람들이 있어서 야구가 더 재미있을지도 모른다."

위에서 예를 든 아이는 실제 내 아들이고 아빠는 바로 나다.

우리는 영화를 보고 난 후 주인공에게만 관심이 있다. 그러나 영화를 만들 때 필요한 분야는 한둘이 아니다. 감독부터, 조명담당, 나중에는 편집하는 사람까지 여러 사람이 모여서 밤을 새워가면서 영화를 만든다.

결국은 다양한 분야에 관심을 가지고 필요한 능력을 쌓아가는 것이 미래에 자신에게 도움이 될 수 있다. 한 분야를 선택했으면 주인공이 아니더라도 그 분야에 기여할 수 있는 부분은 예상외로 많다. 내가 공부한 것을 바로 적용할 수 없는 직장이라 해도 생각의 폭을 조금 넓혀서 어떤 분야에서 일할 것인가를 생각해 보고 그 분야를 선택하는 게 현명한 방법이다.

　직업에는 귀천이 있다

　일반적인 사람들은 어떤 직업을 갖든지 직업에는 귀천이 없다고 한다. 그러나 직업에는 귀천이 분명히 있다. 몸담은 직업에 성실하지 않을 때 그 직업은 천한 직업이 된다. 결국은 더럽고 천한 직업이 아니라 자기 마음에도 없는 일을 해서 천한 직업이다.

　아침에 출근하면서 EBS 라디오에서 들은 내용이다. 20년간 환경 미화원을 하신 분이다. 새벽에 깨끗이 치운 거리를 보고 시민들이 '여기서 잠을 자도 되겠네.' 라는 말을 들을 때 가장 행복함을 느낀다고 한다. 또 그분은 미화원이 지구의 환경을 지키는 지킴이라고 생각한다고 하셨다. 우리는 일반적으로 미화원은 다른 직업에 비교해서 조금 천한 직업이라고 생각한다. 그러나 정작 본인은 귀한 직업을 가지고 있다. 자신의 직업에 열성을 다하고 궁극적으로는 지구를 살린다는 고귀한 마음을 가지고 있기 때문이다. 그러기에 직업에는 귀천이 있다고 말할 수 있다. 직업은 어떤 것이던지 본인의 의지에 따라 다르기 때문이다.

자기가 하는 분야에
최소한의 승부를 걸어봐라

2017년 1월 23일 통계청에서 2017년 1분기 고용 동향 조사 결과를 공개했다. 결과를 보면 대학을 졸업한 이른바 고학력 실업자가 사상 처음으로 50만 명을 넘어섰다고 한다. 또 취업을 포기한 대졸 이상 비경제활동인구도 최초로 350만 명을 돌파했다고 한다. 특히나 2017년 1분기 전체 실업자 중 대졸이상은 46.5%이었다. 그 기사를 종합해 보면 전체 실업자는 1.2% 늘었지만, 대졸 실업자는 9.2% 급증했다고 한다. 고학력 실업자가 증가한 이유로는 이른바 '일자리 불일치' 현상 때문이고 이것은 구직자들이 중소기업 등에 취직하기보다는 스펙 쌓기, 취업 학원 수강 등을 통해 대기업 등 질 좋은 일자리를 잡으려 하는 것이다 라고 진단했다.

2017일 4월 23일 JTBC에서는 취업준비생 인터뷰를 통해 다음과 같은 의견을 내보냈는데 "임금이나 복지 등은 법에는 명시되어 있는데도 중소기업 같은 데서는 잘 안 지켜지니까 공무원 사회로 방향전환을 하는 것이다." 라고 했다. 그 결과 공시생은 2011년 대비 2016년 38.9% 급증했다. 이런 기사를 종합해 보면 우리가 대학에서 공부한 것을 사회에 나와서 써먹기는커녕 대학에서 조차 다른 분야의 공부를 하고 있다는 것이다. 점점 더 취업 문이 좁아지고 평범한 사람으로 살아가는 것이 꿈이 되어 버린 것 같아 마음이 편치 않다.

스펙이 전부는 아니다

요즘 기업들은 갑질을 하는 것이나 다름없을 정도로 참 많은 것을 요구한다. 영어 공부하나 만으로도 벅찬데 인턴이나 연수 같은 실전경험도 요구한다. 정작 그런 스펙을 가진 사람들이 회사생활을 잘하는 것은 아니다. 회사는 일보다는 인간관계로 흘러가는 경우가 많기 때문에 융화가 제일 중요하다. 남들이 한다고 나도 따라가는 그런 오류를 범하지 않길 바란다. 다시 말하면 스펙을 쌓는다고 지금 본인의 공부와 관계없는 공부를 하지 말아야 한다. 사람의 마음이라는 게 지금 처음 하는 공부도 열심히만 하면 될 것 같다는 생각이 들게 한다.

예를 들면 도서관에 제일 먼저 출근해서 제일 늦게 퇴근하는 사람들은 자기 자신에게 묘한 매력을 느낀다. '내가 오늘도 이렇게 열심히 했구나!' 라고 자기를 위안한다. 그러나 냉정히 말하면 본인이 지금과 있는 공부와 관계가 없는 분야를 공부한다는 것은 시간 낭비일 뿐이다.

지금 내가 있는 곳에서 최선을 다하자

공무원이 되는 것이 전부는 아니다. 공무원이란 행정적인 서비스를 시민에게 제공하고 세금으로 월급을 받는 사람들이다. 결국은 시민의 세금이라는 것이 뒷받침 돼야 공무원이 늘어나는 것이고, 공무원의 복지도 늘어나는 것이다. 세상에는 공무원이 꼭 필요하지만, 공무원들이 많다고 나라의 발전이 되는 것은 아니다.

특히나 내가 하는 공부 이외에 공무원 공부를 한다는 것은 대단히 비합리적이다. 아예 학교를 그만두고 공무원이 되겠다는 생각을 하는 사람들은 그나마 나을지도 모르겠다. 그러나 상당수의 학생은 학교에 다니면서 공무원 공부를 한다. 개인적으로는 공무원 임용이 안 되면 자기 분야의 직장으로 취직하겠다는 심산인데, 이것도 저것도 안 되는 상황이 돼 버린다.

회사는 채용할 때 전공자를 위주로 뽑는다. 아무래도 전공을 했으면 아예 그 분야를 모르는 사람보다는 나을 거라는 확신이 있기 때문이다. 특히나 이공계 자기 분야에서 일정 시간을 공부했다는 것은 어느 정도의 기본지식을 가지고 있다고 본다. 이런 취지로 사람을 뽑았는데 공무원 공부를 하느라 자기 분야에 기본지식이 없다면, 회사에서 오랫동안 일하기는 힘들어진다. 결국은 애매한 나이에 버려지는 경우가 발생한다. 이러면 오도 가도 못 하는 경우가 발생할 수밖에 없다. 정말 나는 공무원이 되고 싶다는 뜻이 없으면 눈도 돌리지 말아야 한다. 요즘은 자기 분야에서 잘하는 사람들이 나중에 공무원으로 들어갈 기회도 있다하니 차라리 그것을 노리는 게 더 나은 방법일 것이다.

아무리 시대가 어려울지라도 결국은 있는 자리에서 최소한의 승부를 걸어보는 것이 가장 빨리 안정적인 직장이나 자기의 기질에 맞는 직장을 찾는 방법이다.

결국은 내가 내 길을 찾는 것이다

사람들은 누구나 편하게 인생을 살아가고 싶어 한다. 누구나 잦은 어려움이나 큰 실패가 본인에게는 오지 않기를 바란다. 일반적인 사람은 초중 고등학교 다니고 대학 졸업해서 원하는 직장에 가서 일하고 결혼하고 애를 낳고 애 키우는 재미에 30~40대를 보내고 애들이 크면 부부간에 여행 다니고 정년을 맞아 모아둔 돈으로 소소하고 평범한 생활을 원한다.

그런데 주위를 돌아봐도 그렇게 평범하게 생활하는 사람은 드물다. 원하는 대학을 못 가는 것부터 시작해서, 원하는 직장을 못 들어가는 것이 우선 본인을 힘들게 한다. 결혼해야 하는데 배우자 구하기는 얼마나 어려운가? 또 애를 갖는 것도 다른 사람들처럼 일상적이지 않을 수 있다. 자식들 때문에 젊었을 때 고생하고 나이 들어서까지 보살펴야 하는 경우도 매스컴에 자주 나온다. 게다가 지금 같은 사회는 정년을 맞이한다는 것은 공무원이 아닌 이상 현실적으로 불가능한 게 사실이다. 자의 반 타의 반으로 직장을 옮기게 되거나 심지어는 조기에 퇴직하기도 한다.

모두 인생의 정답을 원한다

한 번은 대학에서 강의할 때 대학교 4학년 학생이 나에게 이렇게 물어 온 적이 있다.

"졸업하면 어떻게 해야 할까요? 어디로 취직해야 할까요?"

"네가 원하는 게 뭐냐?"

"그냥 취직입니다."

"어디로 갈 생각인데?"

"아직 모르겠습니다. 저를 뽑아 주는 대로 가야죠."

"지금 당장 뽑아 준 데가 없으면 어떻게 할 건데?"

"모르겠습니다. 지금 제 위치에서 뭘 어떻게 해야 할까요?"

"미안한데 내가 어떤 말을 어디서부터 해줘야 할지 모르는데."

"4학년을 마치고 어떻게 하는 것이 가장 좋은지 좀 알려 주십시오."

라고 도움을 청한 경우가 있었다. 참 이럴 때가 난감한 일이다. 인생에서 답을 가르쳐 달라니. 내 속으로는 "나한테 좀 가르쳐다오. 정답을." 이라고 말했다.

사실 나도 정답을 알고 싶을 때가 있었다. 누가 내 인생길에서 평탄한 길을 인도해 줬으면 하는 때가 있었다. 지나 놓고 생각해 보니 그 답을 가르쳐준 사람은 내 주위에 한 명도 없었다. 각자 본인들이 살아가는 길을 찾기에도 바쁜 사람들이었다. 물론 나도 후배들에게 길을 제시해 주는 사람은 되지 못한다.

그 학생에게 이렇게 말해줬다.

"미안한데 나도 정답은 모른다. 내가 지금 이 분야를 조금 더 안다고 여러 분들 앞에서 양복 입고 가르치고 있지만 나도 내 인생에 정답은 아직 못 찾았다. 지금도 찾고 있다."

마지막으로 이런 말을 해 줬다.

"차라리 강연이나 책을 통해 정답을 알아보는게 더 현명한 방법일지도 모른다. 그러나 꼭 알아야 할 것은 사실은 강연자나 글을 쓰는 사람도 결국은 본인이 살아왔던 궤적 안에서만 말을 할 것이다. 물론 그 사람들 이야기도 참고만 할 뿐 자기만의 길을 찾아봐야 한다."

정답은 없다 해답만 있을 뿐이다

정답과 해답은 뭐가 다를까? 국어사전을 보면 정답은 옳은 답이고 해답은 질문이나 문제에 풀어 놓은 답이라도 설명되어 있다.

수학과 과학에서는 정답이 존재하지만, 인생에서는 정답은 없고 해답만 있을 뿐이다. 우리는 지금까지 학교에서 공부하고 시험을 봐 온 경험으로 정답을 찾기 위해 노력했었다.

정답은 맞다 틀리다. 다른 말로 하면 '옳다. 그르다'라고 바꾸어 말할 수 있지만, 해답은 '최선책과 차선책 같은 여러 방법이 존재한다.' 라고 말할 수 있다. 다시 말하면 생각하는 방식에 따라 참이 되고 거짓이 되기도 한다는 뜻이다.

이렇게 단어를 풀어 놓고 보면 줄곧 정답을 찾는 학교 공부를 잘했다고 인생을 잘살아 갈 수는 없다는 말도 된다. 인생은 부침이 있기 마련이고 설사 그게 포기라는 말로 집약되더라도 그 부침은 해답을 찾는 과정 중에 풀리기 때문이다.

나만의 해답을 찾아야 하는 여정이다

'결국은 자신의 인생을 결정하는 것은 본인이다.'라는 말을 할 수밖에 없다. 사회 분위기나 그 당시의 시대흐름도 무시는 못 하겠지만 그것은 어차피 본인이 할 수 없는 부분이다. 내가 할 수 있는 부분은 역시 나 자신의 인생에서 나 자신만의 해답을 찾아가는 것이다. 만약 그 해답이 잘못되었다 하더라도 그것은 본인이 책임져야 한다. 그러나 주위에 많은 사람이 잘못된 해답을 찾았다고 평가하더라도 본인이 푼 해답은 본인에게는 큰 의미가 있다. 본인이 나름대로 심사숙고해서 푼 문제기 때문이다. 남들이 제아무리 뭐라 해도 본인이 잘 풀었으면 후회는 없다. 혹여 잘못 푼 것 같으면 바둑에서 복기하듯이 다시 돌아가서 어느 지점에서 또 다른 방법으로 해답을 찾을 수 있을 것이다.

신문이나 주간지를 하나씩 구독하자

인터넷과 SNS가 보편화 되면서 가장 문제 되는 것은 소위 '가짜뉴스'다. 언젠가 SNS와 가짜뉴스에 관해 방영한 다큐멘터리가 있었다. 내용은 이렇다.

'전철을 한 정거장에서 다음 정거장까지기 3분 정도다. 그렇지만 SNS에 올라오는 것은 1분 동안 2013년 기준으로 페이스북은 24만 개, 트위터는 35만 개 정도이고 카카오톡은 330만 건이라고 한다. 한 정거장을 가기 전까지 엄청난 정보들이 공간에 떠다니는 것이다. 특히나 전통적인 매스컴이 아닌 SNS는 당연히 대중적인 관심사를 다루지 않는다. 단지 누구에게 말하는 데만 관심이 있다. 듣기 좋은 말로는 모든 사람이 기자인 셈이지만 냉정하게 보면 단지 문서를 작성하고 가십거리를 만들고 하면서 본인이 사회적 존재임을 알리는 것뿐이다. 진짜 뉴스와 가짜 뉴스의 차이는 진짜 뉴스는 정보가 나타나면 그 순간 가장 많이 퍼지고 사라지지만 가짜 뉴스는 당연히 어떤 의도에 의해 만들어졌기 때문에 오랫동안 주기적으로 나타난다.'

이런 것을 심리학적 용어에 '확증편향'이라고 한다. 원래 가지고 있는 생각이나 신념을 확인하려는 경향성이다. 다시 말해 예전부터 자기가 이런 일이 일어날 수 있다고 생각한 사건들은 더 쉽게 믿는다는 것이고 쉬운 말로 "사람은 보고 싶은 것만 본다."고 할 수 있다.

영국 옥스퍼드대 저널리즘 연구소가 2012년부터 매년 발간하는 보고서인 디지털 뉴스리포트 '2017 한국'이라는 보고서가 있는데 종이신문 지표가 있다. 보고서엔 한국을 포함한 36개국 조사결과가 나온다. '한국 종이신문 이용은 26%로 36개국 평균 39%보다 13%포인트 낮다.'

'종이신문 의존도는 한국이 5%다.'

검색 및 뉴스 수집 서비스 즉 '네이버'나 '다음'과 같은 포털을 통해 뉴스를 접하는 경우는 77%로 조사국 중 가장 높다고 한다.

인터넷이라는 매체를 통해서 거의 실시간으로 정보가 오가고 있는 이 시대는 한편으로는 정보를 빨리 접할 수 있어 좋은 것 같지만 다른 면으로는 혼자서 생각할 수 있는 시간이 점점 줄어든다는 것이다. 자기만의 생각을 한다는 것은 참 중요하다. 억지로라도 그런 시간을 내지 않으면 소위 가짜 정보에 휩쓸리기가 쉽다. 그것을 조금이라도 방지할 수 있는 게 책이나 신문을 보는 것이다. 활자는 종이로 봐야 이해가 쉽다. 활자라는 것을 모니터를 통해서 보면 이해가 어렵다. 모니터는 보는 건 단순히 사진이나 동영상을 볼 때는 유용하지만 활자를 이해하고 생각하기에는 적합하지 않은 도구인 것이다. 모니터로 보면 언젠가 읽은 것 같은데 나중에 생각이 안 나는 것이 다반사다. 잘 생각해 보면 인터넷으로 여러 강의를 들었지만, 끝까지 머릿속에 남아 있는 것은 거의 없다. 그나마 그 부분에 대한 것을 책을 보고 자기 스스로 공부했을 때다. 아직 사람은 책 같은 인쇄 매체를 통해서 공부해야 하는 이유다.

새벽에 신문을 하나 보자

신문의 날마다 배달되는 한 권의 책이다. 한 분야만 적어 놓은 전공 책이 아니라 정치, 사회, 문화, 경제, 과학 등 살면서 알아야 할 모든 것이 담겨 있다 해도 과언이 아니다. 신문사별로 특집이나 기획기사로 연재되는 내용은 전문적인 것까지 다루고 있다. 신문기사는 논리적이지 않으면 읽는 사람에게 정보전달이 안 된다. 그런 논리적인 기사를 읽으면서 우리는 자연스럽게 논리적으로 생각하는 법을 배운다. 앞에서 말했지만, 공대생이 제일 부족한 것이 말이나 글로 남에게 전달할 때 자신의 말만 한다는 것이다. 전후 관계는 어떻고 그렇기 때문에 이렇게 주장한다는 식의 전개방법을 자주 쓰지 않기 때문에 항상 부족한 부분으로 남는다. 이런 부분을 자연스럽게 해결해 주는 것이 신문이다.

신문의 장점은 전날의 일을 기사화했기 때문에 전날의 어떤 사건 생각할 기회를 준다. 무엇보다도 팩트를 접할 수 있어 전날 일을 다시 한 번 생각할 수 있는 시간을 준다는 장점이 있다. 내 생각과 기사를 쓴 사람과의 차이점을 느낄 수 있고, 어떨 때는 기자와 나와 같은 생각에 우쭐함도 느낄 수 있다.

나는 학생 때부터 신문을 봤다. 진지하게 앉아서 본 것은 아니고 직접 신문 배달을 하면서 시간 나는 대로 훑어보는 식이었다. 그때는 신문을 돌리면서 다른 신문과 바꿔보는 경우도 많았다. 예를 들면 한겨레 신문을 돌리는데 중앙일보나, 조선일보를 돌리는 사람을 만나면 서로 신문을 한 부씩 교환해서 보는 식이었다. 그래서 아침에 2, 3개의 신문을 봤다. 하나의 사건을 어떤 시각에서 접근하느냐에 따라 차이가 나고 심지어는 반대의 의견이 나오기도 한다. 신문사마다 추구하는 논조가 다르기 때문이다.

지금도 새벽마다 현관문을 열고 놓여있는 신문을 집어 들고 책상에 앉는다. 한쪽 손에는 삼색 볼펜과 스마트폰을 두고 신문을 본다. 신문 1부를 읽는 시간은 대략 1시간 정도다. 물론 바쁘면 자기가 좋아하는 분야만 보면 된다. 문제가 되는 부분은 볼펜으로 표시를 하고 모르는 단어가 나오면 스마트폰으로 검색을 한다. 또 스크랩해둬야 할 부분은 스마트폰으로 찍어서 나중에 신문사 홈페이지에 들어가서 그 기사를 다운 받는다. 이런 것들이 아무것도 아닌 것 같지만 나중에는 자신에게 큰 자양분이다. 어떤 주제를 보고 남과 다른 방향으로 생각할 수 있다는 것은 엄청난 힘이다. 신문에서 가장 자세히 볼 대목은 사설이나 신문사마다 색깔 있는 기사다. 어떻게 한 사건을 글로 표현하는지를 유심히 봐야 한다. 어떻게 시작해서 어떻게 전개하고 어떻게 결론을 내는지를 자세히 보고 따라 하면 자연스럽게 본인의 의견을 낼 일이 있을 때 큰 도움이 된다.

일주일에 한 번씩 발행되는 시사주간지를 하나씩 읽자

한국 주간지도 좋고 영어공부를 하기 위해서 타임 같은 영어 주간지도 좋다. 신문이 하루하루를 생각할 기회를 제공한다면 일주일의 큰 이슈를 분석해 주는 것은 주간지다. 주간지를 보면 일주일 동안 사회적으로 큰 쟁점이 된 것을 작게는 한 페이지, 많게는 서너 페이지에 걸쳐 분석해 놓는다. 신문은 그냥 하루의 사실 전달이라면 주간지는 왜 그런 일이 발생했으며 지금은 어떤 상황인지까지 말해 준다. 하나의 주제에 대해 전체적인 흐름을 알 수 있다. 일반적으로 주간지를 보는 시간은 2시간 남짓이다. 주말에 읽으면 된다.

물론 시간이 없다면 다 안 읽고 표지 기사와 차례를 보고 본인이 좋아하는 것만 읽어도 된다. 중요한 것은 하나의 주제에 대한 전체 이야기를 보는 것이다.

대학 때 영어 공부해 보겠다고 일주일에 한 번씩 나오는 타임지를 적이 있다. 물론 혼자서는 못 읽고 스터디를 하면서 읽었다. 지금 생각하면 타임지를 봄으로써 영어 실력이 늘었다고는 생각하지는 않지만, 세계적인 이슈를 한국인의 시각이 아닌 타임지를 쓴 외국 기자들의 시각에서 바라볼 수 있었다.

정기적으로 하루에 일정 시간, 일주일에 일정 시간을 할애해서 뭘 본다는 것은 말은 쉬운데 참 실천하기가 어렵다. 그렇지만 이런 일을 좀 더 쉽게 하는 방법이 있다. 의무감처럼 아는 친구들에게 소개하는 방법이다. 스마트폰에서 가장 많이 사용하는 애플리케이션이라 하면 아무래도 카카오톡이 아닌가 한다. 개인적으로 또는 단체 카톡방을 만들어서 간단한 정보공유를 한다. 단체 카톡방이라는 것을 누구나 한두 개는 가지고 있을 것이다. 여기에 그날그날의 이슈되는 기사를 사진 찍어서 올려보는 것도 하나의 방법이다.

좋은 구절이나 좋은 사진을 단체 카톡방에 올려서 하루를 시작하는 사람들이 많다. 받는 사람들은 여러 반응이 있겠지만 분명히 그 구절이나 사진을 보고 기분 좋게 시작하는 사람들도 있다.

나도 아침마다 몇 개의 카톡방에서 거의 같은 시간에 사진들을 올려주는 분들이 계신다. 기분이 가라앉아 있을 때는 그런 사진 하나에 기분이 나아지는 경우도 종종 있다. 아침 그 시간에 카톡 알람이 울리면 오늘도 하루 시작이구나라는 생각이 들 정도로 거의 정확한 시간에 올려주신다.

지금도 아침마다 신문을 보면서 사회적으로 이슈가 되는 주제나 같이 한번 공유했으면 하는 부분을 사진을 찍어 올린다. 일종의 의무감이라고나 할까? 그렇게 하면 억지로라도 신문이나 주간지를 읽게 된다. 또 나로 인해서 남들도 그런 이슈에 관심을 가지는 사람들이 몇 명은 있을 것이다.

　단순히 내가 공부하는 것에서 조금 벗어나 보는 시각으로 세상을 보는 것도 재미있는 삶이다. 항상 숫자와 영어에서만 헤매는 것보다 더 중요한 것은 이런 사회적인 것에 눈을 돌리는 것이다.

도끼날을 세워라

졸업을 앞둔 학생들이 큰 스트레스를 받는 부분 하나가 아직 진로가 불분명하다는 것이다. 자신이 어떤 것을 좋아하는지 어떤 분야로 취업을 해야 하는지를 아직 결정하지 못한 학생들이 대다수다. 그래서 그냥 책만 보는 사람들이 많다.

사무실에 대학교 안에 있는 터라 일요일에 일 때문에 나갔는데, 사무실 한쪽에서 책을 보고 있는 대학교 4학년 친구가 있었다. 주말인데 안 쉬고 나와서 뭐 하냐고 물었는데, 집이나 기숙사에 있어 봐야 딱히 할 일도 없고, 책이라도 보고 있으면 그나마 마음의 안정이 된다고 한다. 책이라도 보고 있어야 불안이 좀 없어진다고 했다. 그렇다고 책에 집중하는 것도 아닌 것 같아 보였다. 좀 보다가 핸드폰을 만지작거린다거나 노트북으로 신문기사 검색하고 하는 그런 시간을 보내고 있었다. 내친김에 하나 더 물어봤다.

"어떤 직장에 가고 싶으냐?"

돌아오는 대답은

"모르겠어요. 그냥 연봉 3,800 정도 주는 직장이면 아무 데나 가고 싶어요. 누가 그런 곳을 소개해줬으면 좋겠어요."라고 했다.

정말 세상 모르는 소리다. 우선 일에 대해서 아무것도 모르는 신입을 3,800만 원 주는 회사는 드물거니와, 그건 직장을 소개해 주는 사람이 얼마나 있을까.

친구들과 비교하지 마라

갑자기 3,800만 원이라는 기준이 궁금했다. 훨씬 적게 받고 직장을 다니는 친구들도 있을 건데 왜 본인은 적어도 3,800이라고 생각하고 있을까? 알고 보니 자기와 실력이 비슷한 친구들이 먼저 취직한 경우가 있는데 3,800만 원 정도 받는 직장에 들어갔다는 것이다. 그래서 본인도 그 정도는 받을 수 있는 실력은 된다고 본인 스스로 판단했다. 자기를 가장 빨리 불행하게 만드는 방법이 있다. 그 방법은 실패하지도 않는다. 100% 성공이다. 그것은 바로 '비교'라는 것이다. 자기와 비슷한 처지인 남과의 비교다. 분명한 것은 그 정도의 돈을 받고 회사에 들어갔다는 것은 실력도 있겠지만 앞에서 한번 언급한 것 같이 먼저 운이다. 취업은 운이다. 면접관 입장에서도 한 번도 안 본 사람을 뽑는다는 것은 모험이고, 반대로 뽑혔다는 것은 운이 좋은 것뿐이다. 회사마다 어떤 기준에 의해 사람을 뽑는 것 같지만 사람 판단이라는 게 객관적이지 못한 면이 많다. 차라리 거의 모두가 순간의 주관적인 판단에 의해 이루어진다고 봐도 과언이 아니다. 그러기 때문에 아직 자기에게는 그런 운이 안 따랐다고 생각하는 게 편하다. 자기를 자책하지 마라. 나는 나일 뿐이다. 같이 공부한 친구와 비교하지도 말고 그냥 내 갈 길 가면 된다.

진짜 내가 해 보고 싶은 분야가 있는지 생각해봐라

4년 동안 많은 공부를 했다. 그런데 졸업해서 뭘 해야 할지 모르는 사람이 대다수다. 기본적으로 학교에서 다양한 진로를 찾는 것에 대해 가르쳐주지 않는 면도 있지만 가르쳐주지 않는다고 두 손 놓고 있는 본인들에게도 문제가 없다고는 볼 수 없다. 지금 내가 관심이 가는 분야가 뭔가를 조용히 생각해 봐야 한다. '어떤 분야로 취직을 할 것인가?' 를 생각해 봐야 한다. 자동차를 직접 만드는 회사가 있지만 자동차 부품 만드는 회사가 있고, 그 부품에 들어가는 서브 부품을 만드는 회사도 있다. 심지어는 보잘것없다고 생각하는 정말 작은 부품을 만드는 직원이 3, 4명 남짓한 조그만 회사도 있다. 회사를 보지 말고 내가 제일 해보고 싶은 업무를 가진 회사를 찾아봐야 한다. 극단적으로 4년 동안 배웠던 것과 아예 다른 분야일 수도 있다. 그래도 본인이 제일 해보고 싶은 일이라면 도전해 봐야 한다. 어차피 제조업에 들어가면 전공과목은 무용지물은 아니다. 언제라도 써먹을 기회가 있다. 가장 중요한 것은 내가 선택한 것을 믿는 것이다.

결국은 내가 선택하는 것이다

목적지에 가려면 많은 길이 있다. 그냥 편하게 고속도로를 통해 가는 방법이 있는가 하면 조금 돌아가는 방법도 있다. 아는 사람이 소위 좋은 직장을 소개해 줘서 취업하는 게 고속도로라면 본인이 찾아보고 고민해 보고 가는 것이 돌아가는 방법이다. 어떤 것이 좋다, 나쁘다를 말할 수는 없다.

나는 두 번째 길을 선택했다. 물론 나에게 고속도로를 올라가는 방법을 가르쳐준 사람이 없었기 때문이다. 그 당시 많은 지원서를 써 보고 면접조차 못 본 경우가 대다수지만, 그런 기회를 통해 우리나라에도 정말 많은 회사가 있고, 생각지도 않는 물건을 만드는 회사도 있는지를 알 수 있었다. 무엇보다도 내 자신이 기업이 원하는 사람이 아닌 그냥 졸업을 앞둔 취업 준비생의 위치라는 것을 알았다. 나의 자만심을 돌이켜 보는 순간이었다. 그러고 나서 내가 원하는 직장이 아닌 원하는 분야를 선택했다. 조금 돌아가면 좋은 점이 이런 것이다. 목적지를 한 번에 가지 않고 모르는 시골길을 헤매면서 지도를 보고 목적지를 찾아가는 모험이고 드디어는 목적지를 알 수 있는 어떤 지점에 왔을 때의 희열이 있는 것이다.

자기만의 방법으로 인생을 개척한 사람이 있다.

일본 검도선수 다카미야라라는 선수다. 한쪽 팔로만 검도를 하는 선수가 있었다. 외팔이검객이다. 한 살 때 탈곡기에 오른손을 끼이는 사고로 오른쪽 팔꿈치 아래를 모두 잃었다. 학교에서 줄넘기연습을 할 때는 오른쪽 팔이 있는 옷에 줄을 묶고 왼쪽 팔만 돌려 줄넘기를 했다. 학교에 다닐 때 다른 아이들이 자기를 도와주는 것이 너무 싫었다. 혼자서도 충분히 잘 할 수 있다고 생각한 것이었다.

하루는 엄마와 함께 검도관을 간 적이 있었는데, 거기서 그 소년은 검도 하는 모습에 반하게 된다. 그래서 검도를 시작했다. 그러나 현실은 혹독했다. 왼손으로만 죽도를 휘두르니 속도가 안 나고 왼손에 힘에 부치니 칼을 쉽게 놓친 것이다. 한 손이다 보니 평형감각이 떨어져 힘에서 밀리면 자꾸 넘어지기도 한다. 그때 다카미야는 이렇게 생각한다. '강해지고 누구와도 대등하게 싸워 실력을 입증한다.' 왼손의 힘을 기르기 위해 맥주병에 모래를 담아 왼손에 힘을 기르는 연습을 했다. 이런 노력 끝에 중학교에서는 주전을 차고, 외팔 검객이라고 신문에 나오기도 했다. 고향을 떠나 오사카 체육 대학교에 입학하게 된다, 이제 전국의 내로라하는 강자들에게는 파워나 속도는 한 손으로 해결할 수 없는 문제였고 이런 차이를 극복하기는 불가능했다. 이것을 해결할 자기만의 방법을 찾았다. 평상시에는 죽도의 가운데를 잡고 하지만 상대와 가까운 거리에서는 짧게 감아쥔다. 그리고 거리가 멀어질 때는 길게 잡아 멀리 있는 상대를 과감히 공격한다는 것이다. 죽도의 길이를 자유자재로 바꾸는 자기만의 방법을 개발한 것이다. 약점을 강점으로 바꾼 것이다. 드디어 학생일본대회전국대회. 일본에서 제일 잘하는 학생을 대회다. 상대는 다카미야 선수보다 키가 20cm가 더 크고, 몸무게는 50kg이 더 나갔다. 결과는 무승부. 연장전이 시작되었다. 연장전은 무조건 한 점이 먼저 나는 선수가 이기는 것이다. 그러나 40분째 이어진 경기. 힘이 떨어져서 힘든 경기였지만 회심의 기술을 걸어 결국 승리한다. 후에 다카미야 선수는 이렇게 말했다. '한손이었기 때문에 여기까지 온 것이 아닐까? 힘든 일도 달아나지 않고 맞서는 노력을 한다면 좋은 결과는 따라온다.'

지금 취업이 안 된다고 고민하는 것보다는 본인 자신을 믿고 좀 여유롭게 생각하는 게 필요하다. 긴 인생, 조금 돌아간다고 인생에 큰 오점이 남는 것도 아니고, 지금 돈을 조금 늦게 번다고 못 사는 아니다. 지금까지 공부했으니 이제 조금 쉬어가도 좋겠다는 생각으로 이것저것 찾아보는 것이 중요하다.

'줄리의 법칙'이라는 것이 있다. 간절히 바라는 것은 어떻게든 이루어진다는 법칙이다. 행운이란 건 아무 노력 없이 우연히 만나는 것이 아니라, 진실로 갈망하는 이가 알게 모르게 한 사소한 행동과 변화들이 쌓여 이루어진 결과라는 뜻이다. 아직 취직이 걱정이라면 이 시기는 나중에 더 많은 나무를 벨수 있는 도끼날을 세우는 시기다.

제3부
세상 밖으로 나오다

이론과 실제는 다르지 않다

　졸업 후 회사에 가면 '이론과 실제는 다르다.'는 말을 곧잘 하거나 듣곤 한다. 이 말은 "학교에서 배운 이론이 실제에서는 안 맞다." 는 것인데 실제로 회사생활을 해보면 그런 일이 자주 발생한다. 우리는 학교에서 누구누구의 법칙, 물리적인 정리, 수학적인 정리를 배웠고. 그것을 통해 계산했다. 실제 산업현장에서 일할 때는 계측기를 사용해서 데이터를 얻는다. 그리고 그 결과를 보고 현장에 적용한다. 예기치 않은 결과가 나왔을 때 그 학교 다닐 때 배웠던 기억을 짜내거나 책을 찾아보고 왜 그런 결과가 나왔는지를 찾는다. 이런 과정들을 거쳐 최종적으로 결론을 내린다. 만약 결과가 물리적으로 이해가 안 되거나 만족스럽지 않다면 고민하다가 지치면 '원래 이론과 실제는 다른 거야.' 라고 넘어가 버린다. 이론과 실제가 차이가 있다는 그럴듯한 이유를 들어 이론을 무시하려는 경향이 있다. 그러면 정말로 이론과 실제는 다른가? 내 경험상 이론과 실제는 다르지 않다. 단지 다르게 보일 뿐이다. 사람들은 왜 이론과 실제가 다르다고 할까?

이론을 잘 모른다

일반적으로 비전공자들이 하는 말이지만 관련 이론을 잘 알지 못하면서 이론과 실제가 다르다고 말을 하는 것이다. 이런 사람들은 그냥 일만 할 뿐이지 그 수준을 벗어나지 못한다. 모든 일을 주먹구구, 시행착오로만 하니 발전이 있을 수 없다. 그저 흔히 말하는 오퍼레이터 정도의 수준이다.

첫 직장에서 업무 관련해서 일본에 6개월 출장 간 적이 있는데 그 회사는 설계도면을 그리는 사람과 설계하는 사람이 따로 있었다. 아침에 출근하면 설계하는 사람은 도면을 보고 고민하다가 연필이나 볼펜으로 수정해야 하는 부분에 체크를 한다. 그리고 도면 그리는 사람에게 갖다 주고 설명을 한다. 그러면 도면 그리는 사람은 그 설명을 듣고 도면을 수정한다. 수정이 끝나면 설계자에게 다시 지시를 받는다. 그때 한국 회사에서는 설계 도면부터 시제품이 나올 때까지를 모두 설계자가 했는데 신선한 충격이었다.

두 번째 회사는 전문적으로 도면만 그리는 용역을 따로 두었다. 그 사람의 도면 그리는 능력은 뭐 말할 것도 없이 완벽하고 빨랐다. 그 사람은 아침에 출근하면 도면 몇 장 수정하는 게 업무이기 때문에 그것만 하면 퇴근한다. 그리고 일반 설계자가 다시 검토하고 수정하라는 지시를 내린다.

일반적으로 누가 더 실력 있다고 생각하는가? 당연히 설계자다. 도면을 단순히 그리는 사람은 실력은 뛰어나지만, 설계를 한다고 말하지 않는다. 단지 오퍼레이터일 뿐이다. 설계하는 사람과 도면을 그리는 사람의 결정적인 차이는 그 분야의 이론과 실무를 경험을 통해 안다는 것이다. 원래는 이론적으

133

로 되어야 하지만 어떤 이유로 결과가 그렇게 나올 수밖에 없는 것을 아는 사람이 설계하는 사람이다. 또 실험하는 사람도 마찬가지다. 주위환경 때문에 이론적으로 계산한 결괏값과 다르게 나오는 경우가 대부분이다. 이때도 실험 오차의 원인을 아는 사람이 유능한 엔지니어다.

이론을 적용할 줄 모른다

이론을 실제로 사용하기 위해서는 그 이론의 원리와 원칙을 상황에 맞게 적용해야 한다. 아는 선배님이 있다. 그분은 나와 같은 소음 진동 관련 사업을 하고 있다. 한번은 자동차회사의 용역을 받아 시험한 적이 있는데 그 시험을 거의 1년째 마무리를 못 짓고 있었다. 이유는 시험은 가을 정도에 한국에서 했는데, 실제 실험한 제품은 여름에 중국에서 만들어졌다. 만들고 나서 시험을 해보니 그 전에 데이터와 안 맞는다고 고객 측에서 항의를 했다고 한다. 전문가적 입장에서 보면 안 맞는 것이 당연하다. 우선 한국에서 시험할 때와 중국에서 시험할 때의 온도, 습도가 안 맞고, 또 시험장소가 다르기 때문이다. 이것을 설명하기 위해서 엄청 고생하셨다고 한다. 한국에 있을 때 마무리를 했었어야 했다고 후회를 했다. 이런 문제점 때문에 제품을 개발할 때는 별도의 공간이 필요한 것이다. 온도, 습도가 임의로 조절이 되는 그런 실험실이 필요한 것이고, 거기에서 최종 검증을 하고 실제 제품에 적용하는 것이다. 그래도 당연히 환경이 다르니 데이터는 달리 나올 것이지만, 그래도 실험실에서 결론이 난 상황이니 그것을 바탕으로 어떤 이유 때문인지는 추론이 가능한 일이다. 그냥 단순히 결과가 맞냐 안 맞냐를 따질 게 아니라 차이가 나는 이유가 무슨 이유 때문인지 이해가 되어야만 이론을 실무에 적용한다고 할 수 있다.

이론은 원래 지나친 단순화일 뿐이다

이론의 사전적 의미는 '사물의 이치나 지식 따위를 해명하기 위하여 논리적으로 정연하게 일반화한 명제의 체계.'라고 나와 있다. 이 의미를 다시 한 번 풀어보자면 이론은 일반적인 설명일 뿐이다. 이론의 목표는 많은 사실과 관찰 내용이 무슨 뜻인지 가장 기본적인 용어로 설명해 주는 것이다. 그래서 이론은 불완전하다. '불완전하다.'보다는 '지나치게 단순화되었다.'가 맞는 표현이다. 그렇지만 이론이라는 것은 이런 지나친 단순화를 통해 사물의 이해하는 데 도움을 준다. 단순화된 이유는 알다시피 이론이라는 것은 가정과 가설을 통해 만들어지기 때문이다. 생각해 보면 학교에서 어떤 물리적인 정리를 풀 때 '~라고 가정한다.'라는 구절을 통해 단순화시키는 것과 같은 맥락이다. 이공계 책들은 우선 가정하에 기본수식을 풀어가고 수식이 복잡해지면 어떤 물리적인 가정이나 당연히 그렇다는 방법으로 수식을 단순화시킨다.

이론과 실제는 남남이 아니다. 이론이라는 것이 모든 것을 설명해 주지는 않지만, 방향성을 제공해 준다. 예측할 줄 아는 능력을 주는 게 이론이다. 실무는 실제로 나타나는 현상이다. 둘 중에 어떤 것이 중요한가는 의미가 없다.

처음부터 사장을 목표로 하라

어떤 것을 시작할 때마다 우리는 항상 목표를 세운다. 예를 들면 대학에 들어가면 4년간의 목표를 세우고, 대학을 졸업할 때쯤은 또 다른 목표를 세운다. 이렇듯 우리는 좁게는 신년계획을 세우거나 넓게는 어떤 새로운 일을 시작할 때는 나름의 목표를 세운다. 이제 학생의 울타리를 벗고 회사라는 새로운 영역에 들어왔다. 당연히 또 다른 목표를 세워야 한다. 무작정 열심히 하겠다는 것은 목표가 아니다. 이 책 앞부분에서 했던 것처럼 학교가 아닌 회사생활에 대한 계획과 목표를 다시 세워야 한다.

목표를 세워야 일에 대한 재미가 느껴진다

내가 처음 회사에 갔을 때 목표는 연구소장이었다. 그 목표를 세운 이유는 여러 가지가 있었겠지만 모양새 나는 위치 같은 느낌을 받았기 때문이었을 것이다. (물론 나중에는 그 위치가 높은 위치가 아니라는 것을 알았다.) 그 목표를 위해서 많은 노력을 했었다. 우선 제품에 대한 공부나 내 분야에 대한 공부를 남보다 많이 했고 결과적으로 남들보다 내 업무에서 인정을 받았다. 그때의 목표설정에 대한 노력의 결과가 지금의 개인 사업 기반이 되었다. 만약에 내가 그때 연구소장의 목표가 없었다면 아직도 평범하게 회사에 다니고 있을지도 모르는 일이다. 물론 회사를 그만두고 사업을 하는 지금은 또 다른 목표를 가지고 있다. 회사에 다닐 때 그냥 월급을 받아서 가정을 꾸리기 위해 다니는 것과 회사에서 자기만의 어떤 목표를 이루기 위해 다니는 것과는 일을 대하는 태도에서 다를 수밖에 없다. 수동적으로 살아가냐 적극적으로 살아가느냐의 차이뿐만 아니라 내가 어떤 목표를 세워 회사 생활을 함으로써 나중에 어떤 일을 할 수 있을 것이라는 자신감과 슬럼프가 있었을 때 금방 빠져나올 수 있는 동기가 된다. 그러는 점에서 신입사원 때 목표를 세우는 것이 무척 중요하다.

나는 월급만 받는 사람이 아니다

회사에서 일하면 한 달에 한 번 월급을 받는다. 내가 회사를 처음 다녔을 때는 돈은 통장으로 들어가고 명세서 한 장만 달랑 받았지만, 언젠가부터는 명세서도 안 주고 급여 홈페이지 가서 확인하라고만 했다. 월급을 받고 나면 30분 안에 각종 세금이 자동이체가 된다. 그래서 월급이 아니라 '사이버 머니'라고 했다. '사이버 머니'던지 진짜 돈이던지 간에 정해진 날에 정해진 액수가 들어온다는 것은 또 한 달을 살아가는 힘을 준다. 일반적으로 회사생활을 하면서 우리는 시간과 노력을 주고 급여를 받는다. 그런데 대부분의 사람이 본인이 노력한 만큼 받지 못한다는 생각을 하고 있다. 한편으로 이런 생각을 해보면 어떨까?. 나는 월급만 받는 사람이 아니다. 내가 일을 배우면서 사회

생활을 배우면서 받는 보너스다.'라고 생각해 보자. 잘난 것이 별로 없는 나를 회사에 취직시키고 옷 주고, 밥 주고, 적어도 한 달에 한 번씩은 자주 먹지도 못하는 소고기 같은 음식도 먹여주고 거기에다 돈까지 주는 회사, 심지어는 기숙사까지 제공해서 잠자리까지 해결해 주는 회사라고 생각해보면 지금 받는 월급이 적다고 느끼지는 않을 것이다. 물론 그렇다고 회사에 무한정 감사하라고 하는 소리는 아니다. 회사 생활 하면서 어차피 정해진 월급 받으면서 자기 자신을 깎아내리지 말라는 말이다. 이렇게 생각을 달리하면 마음이 편해지고 일이 더 잘할 수 있다. 일을 잘해서 인정받는다는 것은 회사 생활을 재미있게 할 수 있는 가장 큰 동기부여다.

'내가 노동력을 제공하고 회사에서는 거기에 상응하는 돈을 제공한다.'라는 생각은 하지 마라. 내가 처음 회사를 갔을 때 그 회사에서는 소음진동 분야를 제대로 아는 사람이 한 명도 없었다. 누가 시키기 전에 내가 일을 더 잘하기 위해서 끈질기게 배웠고, 3년 정도 지나니 이제 나 자신에 대한 자신감도 생기고 남들도 인정해주기 시작했다. 모르는 분야를 공부하니 하루하루가 재미있었다. 게다가 이런 재미를 한 달 정도 느끼면 회사에서는 돈까지 주었다. 돈을 받으면서 일을 배운다는 그런 마음이 남들보다 두 배로 많은 돈을 받은 것 같은 행복한 느낌이 들었다.

난 사장이라는 마음으로 일을 하라

2017년 7월 4일 자 국민일보에서 직장 만족도를 조사한 기사가 있다.

'직장인 10명 중 7명은 현재 일하고 있는 직장에 만족하지 못하고 있는 것으로 조사됐다. 가장 큰 이유는 '낮은 연봉'이었다. 취업 포털 업체 잡코리아는 직장인 352명을 대상으로 한 '근무 회사 만족도' 설문조사에서 '현재 근무

하고 있는 회사에 만족하는가?'라는 질문에 28.7%만 '만족한다'는 응답을 했고 '불만족'은 71.3%였다. 직장인들이 회사에 만족하지 못하는 가장 큰 이유는 '낮은 연봉'(36.3%)이었다. 이어 '복지혜택 등 근무 여건이 나쁨'(30.7%) '고용상태 불안'(10%) '회사 상사와 동료 등 팀워크가 나쁨'(8.4%) '담당 직무 불만족'(8%) 등이 뒤를 따랐다. '반면 현재 근무 중인 회사에 만족하는 가장 큰 이유로는 '담당 직무 만족' 응답이 24.8%로 가장 높았다. 이밖에 '복지혜택 등 근무여건이 좋음'(20.8%), '고용상태 안정'(16.8%), '회사 상사 및 동료 등 팀워크가 좋음'(14.9%), '만족스러운 연봉'(10.9%), '회사의 높은 사회적 인지도'(7.9%) 등의 이유가 있었다.

나도 직장 생활을 10년 이상 해봤지만 회사 생활은 불만족투성이다. 10개 중은 2개 정도만 만족이고 나머지는 불만족과 부당함이라고 생각될 정도다. 그런데 이런저런 불만족 사항을 해결하는 하나의 마음가짐은 모든 것은 본인에게 달려 있고 그것을 어느 정도 해결하려면 본인이 사장의 마음으로 일을 해야 한다는 것이다. 사장이라는 직위는 자기 분야에서 실력을 인정받은 것은 물론이고 인간관계나 내 업무가 아닌 부분도 다 알아야 통솔이 가능하다. 사장이라는 마음을 가져야 남다른 사명감으로 일할 수 있다. 무엇보다도 이런 마음을 가지면 자신을 믿을 수 있다. 사장이 실수하면 내 회사가 어려움에 처할 수 있다는 것을 생각하면 다음에는 실수의 횟수와 정도가 줄어들 것은 당연하다. 자신을 믿지 못하는 사람은 망설이게 되고 주저하게 된다, 뭘 해도 자신이 없기 때문이다. 스스로 업신여기면 남들도 나를 가볍게 본다. '내가 이 회사의 주인이다'라는 생각이 아니라 '내가 이 회사를 먹여 살리는 사장이다'라는 생각이 훨씬 강력한 동기부여다.

일할 때는 사장과 같은 마음으로 일을 하면 회사에 대한 애착심이 생길 것이다. 그것이 본인이 최종적으로 원하는 길로 인도할 것이다.

겸손하게 동료들과 어울려라

처음 회사에 들어가면 업무를 하나도 모르니 자연히 겸손할 수밖에 없다. 그러나 6개월 정도 집중된 업무를 하다 보면 자신감이 생기고 한편으로는 자신이 뭘 좀 안다는 우쭐함이 생긴다. 1년 정도 하다 보면 목에 힘이 슬슬 들어간다. 본인의 상사와는 크게 다투지 않지만 같은 직급의 동료와는 다투는 경우가 발생한다. 회사는 일하는 곳이기도 하지만 기본적으로는 사람과의 관계다. 그것도 같은 전공을 공부한 사람이 아니라 여러 부서가 모여서 회의하고 앞으로 나갈 방향을 설정하는 일이 많은 곳이다. 특히나 전공 자체가 공과 계열이 아닌 사람들도 많다. 이 말은 사람들이 나와 같은 생각을 하는 사람이 드물다는 것이고, 심지어는 어떤 일을 해석하는 데 나와는 반대의 방향으로 풀어가는 사람도 많다는 것이다. 이럴 때 가장 중요한 것이 건방지게 목에 힘 주지 말고 겸손해야 한다는 것이다. 내가 조금 더 안다고 무시하는 경우가 생기면 안 된다는 것이다

일반적으로 공대를 졸업하면 맡는 업무는 어느 정도 정해져 있다. 일반적으로 연구소나 생산을 관리하는 부서다. 회사에서 돈과 인사에 관련된 업무 분야를 우리는 거의 모른다고 해도 과언이 아니다. 회사의 실세 부서는 돈과 사람 관련 업무를 하는 부서다. 싸워봐야 이득이 없다. 공부한 게 다르니 전문용어 써가며 말하다 해도 이해시키기도 어렵고 감정이 틀어지면 회복하기도 쉽지 않다. 고개 한 번 더 숙이면 하루가 더 가는 것으로 생각하고 겸손해야 한다. 사람이 실력이 있고 사람 됨됨이가 좋다, 나쁘다는 것은 남들도 안다. 가지고 있는 실력에 겸손함이 더해지면 몇 년이 지난 후에는 그들은 나를

믿게 되어 있다. 커피 중에 에스프레소라는 커피가 있다. 아메리카노는 에스프레소에 물을 더 탄 것이고, 카푸치노는 에스프레소에 우유 거품과 계피를 탄 것이라고 한다. 카페라테는 에스프레소에 스팀 우유를 섞는다고 한다. 결국 에스프레소는 모든 커피에 다 들어가는 기본적인 커피다. 에스프레소라는 커피가 없으면 다른 커피는 만들 수가 없다.

혼자서는 인기는 없지만, 어디에나 들어가는 에스프레소처럼 직장생활도 사람들에게 관심은 받지 못하지만 자기 위치에서 묵묵히 일하는 사람이 에스프레소 같은 사람이 꼭 있다. 회사생활이 열심히 하는 것도 중요하다. 그러나 더 중요한 것은 남들과 어울리는 것이다. 본인이 전면에 나서지는 못하지만, 나로 인해서 남이 발전하고 그 모임이 발전하고, 조직이 발전하는 것도 나쁘지 않은 삶이다.

세상은 물음표(?)
책은 느낌표(!)

책은 시간이 많은 학생 때 많이 읽을 것 같지만 경험상 돈을 버는 직장에 다닐 때 많이 읽게 된다. 학생 때 보다는 아무래도 마음이 더 안정적이기 때문이다. 나는 독서에 대한 많은 경구중 "독서는 성공을 보장하지는 않지만 성공한 사람은 모두가 독서광이었다." 라는 말은 제일 좋아한다. 요즘은 책보다는 다른 매체를 통해서 정보를 얻는 것이 더 편하기 때문에 자연스럽게 책을 안 읽다 보니 이제 책을 읽는다는 것이 따로 시간을 내야 하는 어려운 일이 되고 말았다. 모든 것이 다 그렇지만 독서도 연습이고 습관이다. 연습이 부족하면 능숙하지 않고, 습관이 배지 않으면 오래 지속하지 못하는 것이다. 그러면 우리는 왜 책을 읽어야 하는가? 독서는 혹시 본인이 놓치고 있는 것을 다른 사람의 책을 통해 확인하고, 알고는 있지만 두루뭉술하게만 알고 있는 것을 체계화시키는 과정이라고 한다. 또한 책을 읽는다는 것은 저자의 지식의 울타리에 우리를 가두는 게 아니라 그 울타리를 넘어 각자의 방식으로 재해석하거나 다시 구성하는 것이다.

어떤 책이든지 자기와 맞는 책이 있다. 남들이 말하고 매스컴에서 말하는 소위 베스트셀러, 고전 같은 것도 정작 본인에게 안 맞으면 보다가 덮어 버리면 된다. 적어도 내가 독자인 이상 그런 자유 정도는 있지 않은가?

책으로부터 배워라

모르는 분야를 가장 쉽게 접근할 수 있는 게 일반적으로 책을 통해서이다. 정말로 특별한 분야가 아닌 일반적인 분야는 대체로 책을 통해 지식 습득이 가능하다. 여기서 특별한 분야라고 한다면 일반적인 한글이 아닌 전공단어들로만 이루어진 분야다. 그 밖의 나머지 분야는 어느 정도는 책을 통해서 접근할 수 있다. 거기에 영어를 어느 정도 한다면 한국에 아직 번역되어 나오지 않는 분야까지 접근하는 셈이니 정보습득의 양은 비교할 수가 없다. 내가 지금 공부하고 있는 분야만 한정하더라도 그 분야의 책 10권만 읽어도 남과 비교할 수 없을 정도의 전문지식을 가질 수 있다.

직장생활을 하다 보면 분명히 본인이 모르는 부분이 있다. 대학을 갓 졸업한 신입에는 더더욱 그렇다. 그럼 우선 사내 자료들을 보고 기본적인 것을 보고 익혀야 하고 그것이 어디서 왔는지는 책을 통해 더 깊게 확인해야 한다. 그게 본인의 전문지식이 되는 것이다.

다른 분야의 책도 읽어야 한다.

고전이 아직도 읽힌 이유는 그것이 세상의 과거, 현재, 미래에 하나의 표지판 역할을 하고 있기 때문이라고 한다. 이공계 책들이 수학식이 많아 이 분야가 아닌 사람이 접근하기 어렵지만 인문사회 과학책은 상대적으로 접근하기 쉽다. 지금 우리가 하는 분야에 인문학책을 읽는다면 더할 나위 없다. 항상 하는 일에서 획기적인 사고를 하기는 어렵다. 아인슈타인도 '똑같은 일을 하면서 다른 결과를 기대하는 것은 미친 짓'이라고 말한 것처럼 지금보다 조금이라도 다른 사고는 다른 생각에서 나온다. 그것을 다른 말로 아이디어라고 해도 좋고 발명이라고 해도 좋지만 확실한 건 그것들은 쳇바퀴에서 나오지는 않는다는 것이다. 스티브 잡스가 만든 스마트폰도 공학적인 사고가 아니라 인문학적 사고에서 출발한 것임을 잊지 말아야 한다. 또 한가지는 이런 류의 책을 읽으면 본인이 사용하는 어휘가 늘어난다. 말이라는 게 참 쉬우면서도 남들 앞에서 이야기하는 것은 쉽지 않다. 그러다 보니 자주 버벅거리는 일이 발생한다. 특히나 오랫동안 딱딱한 전공 책만 본 사람들은 말투 자체가 딱딱하고 건조하다. 고전이라는 것이 뭔가 추상적인 생각을 풀어 써놓은 책인데, 이런 책을 읽음으로써 생각을 구체적이고 간결하게 표현할 수 있다. 또 책을 읽을 때는 어떻게든 자기 일과 연관지어 보는 노력이 필요하다. 연결점이 아무리 없을 것 같더라도 연결하는 노력이 나중에는 상상력이 되고 그 상상력으로 일이 더 재미있어지고 회사 생활이 즐거울 수 있다. 말을 논리적으로 하는 것만으로도 회사에서는 큰 장점이 된다.

책은 사서 보는 것이다

2002년 학교 졸업 후 직장에서 받은 첫 월급이 90만 원이었다. 그때는 회사에서 기숙사에 아침, 점심, 저녁까지 모든 식사를 회사에서 줬다. 일도 많았기 때문에 돈 쓸 시간이 없었다. 개인적으로 회사생활을 하기 전 회사에 가면 10%는 책을 산다는 마음을 가졌다. 그래서 그때 9만 원어치 책을 샀다. 회사에 오래 다니면 월급이 조금씩 오른다. 자연스럽게 내가 마지막 회사에 다닐 때는 상당히 많은 돈을 책을 사는 데 썼다. 덕분에 지금 하는 업무에 관한 책은 거의 가지고 있다. 그 분야를 더 알기 위해서는 빌려보지 말고 반드시 책을 사서 봐야 한다. 처음부터 의도적으로 월급이 남보다 10%는 적다고 생각하고 우선 책을 사고 본다. 그것이 업무와 관련된 책이던지 그냥 관심이 가는 책이던지 상관없다. 경험상 책이 많아지면 안 보는 책들도 많아지지만, 몇 년에 한 번씩은 정리한다는 기분으로 도서관에 기증하면 그만이다. 학교 다닐 때는 돈 때문에 못 샀던 책부터 돈을 버는 지금은 본인이 좋아하는 분야나 업무에 관계된 책까지 가리지 말고 사서 읽어야 한다. 학교 다닐 때와는 다르게 다가올 것이다. 학생 때는 잘 몰랐던 수학적인 부분도 이제는 실무를 하면서 관련 책을 읽으면 이해가 되기 시작한다. 학생 때 이해가 안 되는 부분도 실제 일을 하다 보면 이해가 되는 경우도 많다.

다른 분야 책을 5권 정도는 보라

긴 세월을 오로지 전공이라는 울타리에 매어 살 수는 없다. 세상은 모른다고 한다. 내가 지금까지 다니던 회사가 어느 순간 없어질 줄 모르고, 내가 배웠던 것이 한순간에 없어질지도 모른다. 노벨상도 요즘 추세는 한 가지 분야에서만 특출 나서 상을 받는 것 보다 여러 분야의 기술이 복합되어 수상하는 경우가 대부분이다. 지금 일을 열심히 하되 유사 분야로 관심을 옮길 수 있는 능력이 가지고 있어야 한다. 지금의 울타리를 벗어날 수 있도록 해주는 가장 손쉽고 돈 들어가고 성과가 높은 소위 가성비 면에서는 독서만 한 것이 없다. 우선 관심이 가는 분야를 정해서 그쪽 분야의 책을 5권 정도는 읽어라. 예를 들면 경영이라는 부분이 자신에게 부족하다고 느낀다면 원론부터 좀 깊이가 있는 부분까지 다루는 책을 사서 천천히 읽어야 한다. 물론 생소한 부분이라

지루하겠지만 5권 정도만 읽으면 그 분야 사람들이 하는 말은 알아들을 수 있다. 그다음은 훨씬 쉽게 접근할 수 있을 것이다.

천안시청 안에 있는 도솔 도서관에 가면 도서관 입구에 의미 있는 현수막이 하나 있다. '세상은 물음표? 책은 느낌표!' 라는 현수막이다. 책을 읽는 이유를 단적으로 표현해 주는 말이다. 세상은 어떻게 살아가야 할지 항상 물어보지만, 책에서 그 느낌을 찾을 수 있다는 평범한 진리를 설명해 주는 명쾌한 문장이다. 본인의 업무에 관련된 물음표부터 인생의 물음표까지를 해결해 주는 것은 다름 아닌 책이다.

또렷한 기억보다는 희미한 기록이 더 낫다

직장에 다니면서 다이어리를 왜 적어야 할까? 한마디로 또렷한 기억보다는 희미한 기록이 더 낫기 때문이다.

학교에 다닐 때는 다이어리를 지속해서 쓰기가 쉽지 않다. 학생이기 때문에 거의 반복되는 일상이다. 하는 일은 공부에 친구들 만나는 것 이외에 특별한 이벤트가 없는 날이 많다. 그러나 이제 회사에 오면 조금 다르다. 출근하면 하루에 많은 일이 일어난다. 따로 정리하지 않으면 뭘 해야 할지 모른다. 윗사람이 시키는 일을 단지 귀로 듣는 것이 아니라 적어야 할 정도로 많은 지시사항이 있다. 나도 회사 생활을 하면서 다이어리를 쓰기 시작했다. 처음에는 어설프게 쓰다 말다가, 하반기로 넘어가면서 다이어리에 쓴 글씨체가 성의가 없어진다거나 메모장 형식으로 변하기도 했다. 이런 우여곡절을 겪고 지금까지도 다이어리를 쓰고 있다. 오래된 만큼 지금은 나만의 방법으로 정리를 하고 12월의 마지막 날까지 글씨체도 같다.

다이어리를 쓰는 것은 메모보다도 여러모로 도움이 된다. 무엇보다도 어떤 일을 하는데 흐름을 알 수 있다. 메모는 단지 보고 버려지는 것이 많지만 다이어리는 순서별로 정리를 하기 때문이다. 회사라는 조직도 학교와 마찬가지로 하루하루 반복된 일상과 업무를 하는 것이다. 그렇지만 그 속에서 회의도 하고 지시도 받는다. 회사에 이제 갓 들어온 사람은 1~2년 동안은 바쁘다. 새로 배워야 하는 것이 의외로 많다. 간단한 보고서 쓰는 방법부터 일을 진행하는 방법, 회의를 진행하는 방법, 회의 후 회의록 작성하는 방법까지 모든 게 처음이라 바쁘다. 그래서 이 시절의 다이어리는 지시받은 것을 적어두는 것과 본인이 해야 할 것 등을 위주로 적게 된다.

시간이 지나면 그 반복된 생활 안에서 시간 관리를 해야 한다. 이때부터 다이어리라는 것이 하루하루 처리해야 할 일을 적는 게 아닌 일 년간의 설계, 한 달, 일주일 단위의 계획, 하루를 통제할 수 있는 다이어리가 만들어진다.

다이어리는 1년의 역사다

직장생활 하면서 개인적인 측면에서 가장 중요한 게 시간 관리다. 반복된 패턴에 휩쓸리지 말고 나만의 시간과 장점을 찾는 것이 시간 관리의 목표고 이 관리 도구가 다이어리다. 나는 11월이면 내년 다이어리를 산다. 다이어리는 항상 같다. 작년과 다른 것은 다른 것은 표지 색깔뿐이다. 작년에는 표지가 파란색이었다면 올해는 빨간색을 사는 식으로 다이어리를 산다. 그 다이어리는 날짜당 한 페이지로 되어 있다. 다이어리 제일 앞표지에 작년에 하다가 못했던 것을 먼저 적고, 올해 내가 꼭 해보고 싶은 것을 골라 1년 목표를 10개 정도 적는다. 그리고 그 옆에 언제까지 할 것인가 기한을 적는다.

하루하루 처리해야 할 일을 적을 때 의도적으로 제일 앞장의 1년을 계획을 먼저 읽어본다. 어떤 날은 자신에게 기쁠 것이고 어떤 날은 마음을 다시 잡을 수 있다. 이런 일상이 1년이 반복된다. 12월 마지막 달의 다이어리를 작성하면서 제일 앞장의 계획을 보면 일 년 동안 내가 계획했던 것이 얼마나 진행되어 있는지 스스로 판단을 내릴 수 있다. 과연 몇 개나 이루었을까? 경험상 50%가 안 된다. 여기서 몇 개가 중요한 게 아니라 항상 그것을 보고 자기 자신에게 말을 걸었다는 것에 더 큰 의미를 둔다. 안되면 또 시도하면 되니까 자책하지 말아야 한다. 회사에서 한 권의 다이어리를 12년째 쓰고 가죽표지가 해진 것을 자랑으로 삼은 사람을 본 적이 있다. 본인은 그게 자랑일 줄 모르겠지만 다이어리를 12년 동안 1권만 썼다는 것은 기본적으로 직장생활에서 시간관리를 못했다는 소리로만 들린다.

오늘 일어난 일은 꼭 오늘 날짜에 적는다. 만약에 일정이 없으면 그날의 면은 아예 비워둔다. 한 권의 다이어리는 일 년만 쓴다. 그리고 일 년이 지나면 그 다이어리는 책장 한쪽에 꽂아 둔다. 한 권이 다이어리지만 1년에 대한 나의 역사다. '또렷한 기억보다는 희미한 기록이 더 낫다.' 이렇게 몇 년간의 직장생활의 기록은 자신의 역사가 된다.

어떻게 적어야 하나?

1년 계획이 세워졌으면 이제 한 달 계획을 세운다. 업무가 우선이고 그 다음이 개인적으로 적어두었던 목표를 이루는 게 목표다. 그리고 일요일이 되면 그 다음 주 계획을 일요일자 다이어리에 적어본다. 예를 들면 개인적으로 어떤 책을 볼 것이며, 예상되는 회의, 어떤 업무를 할 것인가 등을 예상해서 적어본다. 그리고 하루하루 일정을 적는다. 개인적으로 권하는 것은 3색 볼펜 사용이다. 그날그날 예상일정은 검은색으로 적고, 그 일을 다 마쳤으면 자를 대고 빨간색으로 줄을 긋는다. 그리고 그 옆에 파란색으로 간단한 메모를 한다. 예를 들면 어떤 회의로 누구랑 몇 시에 통화했고, 마무리는 어떻게 되었다는 식이다. 일정이 연기되거나 취소되었을 때는 파란색으로 변경일정을 쓴다. 여기서도 똑같이 무엇 때문에 누구랑 전화했고 전화한 시간까지도 메모해 둔다. 좀 비겁한 행동일지 모르겠지만, 회사라는 것이 상대부서에 책임 전가하는 경향이 있기 때문에 나중에 확인 자료로 쓸 수 있다.

중요한 사항이나 관심 있는 사항은 빨간색이나 파란색 형광펜으로 줄을 긋던지, 박스표시를 해서 나중에 찾기 쉽게 하는 것도 방법이다. 이렇게 다이어리를 관리하는 사람 앞에서는 회사의 다른 부서 사람이 함부로 말을 하지 못한다. 언제, 어디서, 누가, 어떤 말을 했는지 적어두기 때문에 단지 기억에 의존한 사람들은 다이어리에 적은 사람들을 두려워한다. 이런 것들을 적고 관리하려면 아무래도 작은 수첩보다는 노트보다 작은 크기가 좋다. 나중에 책장에 꽂아 두기도 편하고 가독성도 훨씬 좋고 몇 년이 지나도 자료로써 사용할 수 있기 때문이다.

메모하는 습관이 가장 먼저다

'메모 한다'와 '필기 한다'는 얼핏 비슷한 표현 같지만, 엄연히 다르다. 그럼 메모와 필기는 어떤 점에서 다를까? 필기는 다른 사람의 말을 그대로 적는 것이지만 메모는 상대방의 말을 들으면서 나름대로 재구성하는 것이다. 또 자신만의 아이디어를 특별한 기호나 단어, 문장으로 기록하는 것이다. 메모의 목적은 역설적이지만 쓰고 나서 잊어버리기 위한 것이다. 사람들은 모든 걸 더 기억하지 못하기 때문에 일단 메모하고 잊어버렸다가 나중에 메모를 보고 다시 재구성해서 이야기를 만든다. 이것을 어떤 책에서는 '창의적 메모'라는 말로 표현했다. 표현법이 어쨌든지 간에 메모하는 목적은 단지 적는 게 아니라 내용을 재구성 하는 것이다. 그러는 의미에서 메모하는 습관은 다이어리를 쓰는 이전의 단계로 매우 중요하다.

주위에 정년을 하신 교수님이 계신다. 그분의 양복 안 와이셔츠 주머니에는 항상 뭔가가 들어 있다. 뭘까? 궁금해서 한번 물어 본 적이 있다. 웃으면서 보여주시는데, 종이였다. 그냥 일반적인 종이도 있고, 껌 안쪽의 은박지 종이를 버리지 않고 접어서 둔 경우도 있다. 이렇게 종이를 주머니 크기에 맞게 잘라서 넣어둔다. 이유는 노트를 가지고 다니기도 뭐하고 수첩 같은 것은 무겁고 또 잊어버리기도 해서 이렇게 종이를 가지고 다닌다고 한다. 자주 깜빡깜박 해서 적는다고 하신다. 어떤 약속을 잡을 때, 어떤 생각이 날 때 얼른 적는다고 한다. 그리고 돌아와서 다이어리나 달력에 다시 정리한다고 한다. 나도 메모를 잘하는 편이다. 갑자기 생각나는 것들을 그 자리에서 메모해서 다이어리에 옮긴다. 그러면 메모했던 것을 재정리 할 수 있어 여러모로 유용하다. 급할 때는 메모를 하고 그것을 반드시 다이어리에 옮겨 그 업무나 일을 체계적으로 재정리하는 것이 필요하다. 그럼으로써 그 일에 대해 다시 한번 생각하게 되고 본인이 잘하고 있는지를 점검하는 기회가 될 것이다. 요즘은 핸드폰에도 메모 기능이 있어 적을 수 있으니 그 방법을 활용해도 좋을 것 같지만 아무래도 다이어리에 볼펜으로 쓰는 것만큼은 효과가 떨어진다.

다이어리를 쓰는 것은 현재 상황에서 미래를 쓰는 것이라고 한다. 즉 현재에서 미래를 예측하고 쓰는 것이다. 다이어리의 목표는 미래를 현실화하는 것이라고 어떤 책에서 본 기억이 난다. 또 생각하는 공간이며, 정보를 정리하는 공간이고, 세웠던 계획이 잘 진행되고 있는지를 알 수 있는 공간이다. 그렇기 때문에 다이어리를 쓰는 방법을 개인만의 특별한 방법으로 써야 한다. 회사에서는 하루하루 일을 처리하는 게 먼저지만 욕심을 내자면 1년의 계획이 그 속에 담겨 있고 이루어 가는 과정까지 메모가 되어 있으면 더할 나위 없겠다.

창의성을 길러라

'창의적이다.'라는 말은 어떤 의미일까? 창의성은 새로운 생각이나 의견을 가지는 것이라고 정의되어 있다. 새로운 물건을 만드는 것이 창의성이라고 말하는 사람도 있지만, 그것은 창조라는 말이나 발명이라는 말이 더 적절한 단어다. 공학을 공부한 사람이 창의적인 사고라고 한다면 새로운 물건을 만드는 것보다는 기존의 제품에서 불편한 점을 개선해서 시장에 내놓는 그런 일을 창의적이다.라고 한다. 그런 의미에서 본다면 창의적이라는 말은 운동이나 게임, 농사를 짓는 일에서도 가능하다. 어떤 상황을 보고 좀 더 편리하게 바꿔보려는 그런 노력을 모두 다 창의적이라고 해도 무방하다.

일반적으로 경쟁보다는 편안한 마음과 분위기에서 아이디어가 떠오르는 법이다. 급한 마음을 가지고 일을 하면 뭔가를 놓치기 쉽다. 마음을 비웠을 때 창의적인 생각이 자주 떠오른다. 내 경험으로도 마음이 편안할 때, 쉬고 있을 때가 번득이는 아이디어가 떠오르는 경우가 많다. '유레카'라는 말로 유명한 아르키메데스가 왕관에 '금이 얼마나 들어 있냐?'라는 질문을 받고 며칠째 그 문제를 부여잡고 고민하였지만 결국 그 문제의 해답을 생각해 낸 곳은 목욕탕이었다. 편안함 속에서 아이디어가 생긴 것이다. 몸이 편안하면 별 잡스러운 생각이 다 생긴다. 역설적으로 기발한 아이디어가 떠오르는 기회도 많다는 뜻이다.

비슷한 예로 한 회사가 컨설팅을 받았는데, 결론 중의 하나가 자리만 차지하고 날마다 할 일 없이 딴생각만 하는 직원을 지목하면서 저 사람을 자르는 것이 좋겠다고 했다. 그런데 사장은 그 사람은 절대 안 된다고 했다. 이유는 저렇게 노는 것 같지만 저 직원의 아이디어가 회사를 먹여 살린다고 했다. 이렇듯 몸이 어느 정도 느슨한 속에서 창의성이 생기는 것이다. 너무 바쁘면 그 일 하느라 다른 생각이 비집고 들어 올 수가 없다. 물론 편안한 전에는 머릿속에 그것을 해결하고자 하는 간절함이 먼저 있어야 하는 것은 말할 것도 없다. 작가 스티븐 킹이나 과학자 아인슈타인도 샤워하는 동안 아이디어가 떠오른다고 말했다. 언제까지 꼭 무언가를 만들어 내고야 말겠다는 자신에게 강압은 오히려 창의력을 떨어지게 한다. 그러면 직장생활을 하면서 창의성을 어떻게 길러야 하나?

오른쪽 뇌를 발달시켜라

우리의 머리는 오른쪽 뇌와 왼쪽 뇌가 담당하는 기능이 다르다고 한다. 오른쪽 뇌는 세상에 대한 직관력과 시각적인 면, 관심과 예술적 성향을 담당하고, 왼쪽 뇌는 분석력, 집중력, 논리력과 언어적인 면을 담당한다고 한다. 다시 말하면 오른쪽 뇌는 타인과의 공감 능력과 감정적 이해를 담당한다는 말이다.

오른쪽은 3차원의 지각을 인지한다면 왼쪽은 효용성을 추구한다는 것이다. 예를 들면 오른쪽 뇌가 발달한 사람은 상대방의 이름은 잘 생각 못 하지만 그 순간의 장소와 사건들을 토대로 그 사람을 유추해 낸다는 것이다. 반대로 왼쪽 뇌가 발달한 사람은 이름을 잘 외운다. 전공이 이공계라서 그런지 아니면 문제를 해결하는 방법상의 문제이던지 간에 이공계 사람들은 오른쪽보다는 왼쪽이 더 발달해 있다.

DISC라는 행동 유형 검사를 직접 해본 적이 있다. DISK 검사라는 것은 D(Dominance: 주도형), I(Influence: 사교형), S(Steadiness: 안정형), C(Conscientiousness: 신중형, 분석형) 4가지 유형을 설문으로 나눈 검사법이다. 나는 극단적인 분석형이었다. 나는 일상적인 생활에서는 전혀 분석적이지 않다. 그것은 내 원래의 모습이 아니라 전공상 또 직업상 그쪽을 많이 써서 나타난 결과다. 그리고 원래 동양인은 오른 뇌를 사용하는 문화권이었다. 직설적이지 않고 비유적으로 설명하는, 사서삼경처럼 읽고 나서도 사색해서 자기만의 결론을 내리는 그런 문화권인 것이다. 리처드 니스벳의 '생각의 지도' 라는 책에서는 그냥 문화적 차이라고 설명하기엔 뭔가 부족한 부분을 개인적이고 논리적인 그리스문화와 상호의존적이고 중용적인 중국 유교 문화로 대변하여 설명했다. 우리가 창의적인 생각을 한다는 것은 오른 뇌 사용빈도를 의도적으로 높이라는 것이다. 우리에게 없는 것이 아니라 오랫동안 가지고 있었지만, 아직 우리가 꺼내 놓지 못한 능력. 창의력은 오른쪽 뇌어서 나온다.

인문학적인 생각에서 창의성은 나온다

기적의 오아시스라고 하는 아랍에미리트의 도시 중 하나인 두바이는 면적이 제주도의 2배 정도, 경기도의 절반 크기 정도 국토의 90%가 사막이고 여름에 50도 이상 올라가는 도시다. 원래 두바이 사람들은 물고기와 진주조개를 잡으며 살았지만, 석유가 발견된 뒤로는 초고층 빌딩과 바다 위 인공 섬을 만들었다. 심지어는 사막에서 스키를 탄다는 발상까지 해서 현실로 만들었다. 아랍에미리트의 부통령인 셰이크 모하메드의 창의성에서 나온 결과다. 그 국왕의 직업은 시인이다. 아직도 시를 통해 영감과 상상력을 얻는다고 한다. 일반적인 생각으로는 사막에 어떻게 도시를 지을 것이며 심지어 거기서 어떻게 스키를 타느냐고 말도 안 된다는 사람이 대부분이다. 그런데 이 모하메드는 그런 생각을 하지 않았다. 기술적인 문제보다는 어렸을 때부터 읽었던 시를 통해 주변을 바라봤기 때문이다. 과학적인 사고도 중요하지만, 창의성을 가로막는 것 또한 과학적인 사고일지도 모른다.

회사생활을 하다 보면 분명 기술적으로 해결이 안 되는 문제들이 많이 발생한다. 기존의 공학적인 방법이 아닌 다른 접근방식으로 접근하면 의외로 풀리는 일이 많고 현재는 기술적으로는 풀리지 않지만 '그랬으면 좋겠다.' 라는 생각을 하고 있으면 당장은 아니지만, 천천히 시간이 지나면 풀리는 일이다. 기술적인 부분에만 고민해서 생각하지 말고 한발 물러서 '그랬으면 좋겠다.' 라는 생각으로 접근해 보는 것도 하나의 방법이다.

전문 지식 속에서 창의성이 나타난다

창의성이라는 것이 갑자기 누구에게나 생기지는 않는다. 그렇기에 창의적인 사람이 우리 주변에는 드문 것이다. 어떤 일을 하면서 창의적인 생각을 하는 사람은 어떤 사람들일까? 우선 머릿속에 다양한 지식이 들어 있는 사람이다. 창의성도 기본은 알고 있는 지식 속에서 가지를 치는 것이다. 전혀 관계가 없는 분야의 사람이 갑자기 기발한 아이디어를 내는 경우도 있지만, 그것은 극히 드문 경우다. 그 사람이 본인의 아이디어가 실현 가능한지 불가능할지를 아는 것은 더욱 어렵다. 우선은 그 분야를 어느 정도 알아야 가능한 것이다. 그러기 위해서는 뭘 해야 할까? 먼저는 자기가 공부하고 있는 업무를 더 넓게 아는 것이다. 깊게 아는 것도 중요하지만 그 분야를 넓게 아는 것도 중요하다. 예상외로 그 분야를 폭넓게 아는 것이 깊게 알기보다 어렵다. 깊이 아는 사람은 주변에서 찾기가 쉽다. 넓게 아는 사람이 이 분야 저 분야를 아우를 수 있고 편협된 생각에서 벗어나 창의적인 생각을 할 수 있는 사람이다. 처음 회사를 들어가면 본인의 분야를 더 깊숙이 알려고 노력하는 것은 기본 중의 기본이다. 그러나 한 번 더 생각해서 그 분야에서 파생되고 가지를 치고 있는 분야까지 아는것도 필요하다. 그런 깊고 넓은 지식과 간절함 속에서 창의적인 발상이 나오는 것이다.

자신감을 가져라

자신을 자랑스럽게 생각해라. 적어도 피해의식을 갖고 살아가지 말라는 말이다. 누구나 모든 것을 다 잘할 수는 없다. 어떤 점이 남보다 못한다고 피해의식을 갖지 말고 그냥 받아들여라. 본인이 잘하는 것을 생각하면 기분이 좋아지고 그 속에서 새로운 창의적인 생각이 떠오른다. 근거 없는 자신감(근자감)이라는 말이 있다. 그 자신감의 기본은 자신을 사랑하는 것이다. 당연히 내가 남보다 못하는 분야가 많다. 그렇기 때문에 회사는 각 부서가 있고 같은 부서에서도 팀이 있는 것이다. 내가 남보다 못한다는 생각으로 살면 회사생활이 재미가 없다. 회사에 들어오면 동기들이나 선후배들이 나보다 잘하는 경우도 많다. 그렇지만 본인이 잘하는 분야가 분명히 있다. 그것을 믿고 자신감을 가져야 한다. 내가 하는 분야만큼은 회사에서 '내가 제일 잘한다.'라는 자신감으로 처음부터 배워 나간다면 창의적인 아이디어는 나오기 마련이다.

발표하기

첫 직장을 다닐 때 부장님이 "살아가면서 남의 앞에서는 발표하는 경우는 얼마나 될까?" 라는 질문을 한 적이 있다. 그때 나는 "일주일에 2, 3번 이상은 되지 않을까요?" 라고 답한 기억이 있다. 그때는 내가 직장에 다니면서 일주일이면 2,3 번은 업무보고를 할 때였고, 가끔은 새로운 분야를 공부해서 발표하는 경우도 있었다. 그때는 남들도 다 그런 줄 알았다.

그러나 일반적으로 회사 생활을 하면서 앞에서 발표하는 경우는 많지 않다. 단지 보고서를 위주로 의견을 전달한다. 발표는 남들 앞에서는 한 달에 한 번도 안 하는 경우도 있다. 그렇다 보니 발표하는 기회가 주어졌을 때 스트레스를 받는다. 많은 사람 앞에서 말하는 것은 두 사람이 이야기하거나 친구들끼리 이야기하는 것과는 완전히 다르다. 사실 남 앞에서 어떤 주제에 대해 발표를 한다는 것이 정말 쉽지 않다. 특히나 많은 사람이 나를 쳐다본다고 생각나면 떨리는 것이 당연하다. 그래도 어느 정도의 업무 능력이 생겼을 때는 회사 내에서 발표를 해야 한다. 간단하게는 본인의 업무에 대한 보고나, 실험보고 같은 것을 하는 경우다. 이런 것은 학교에서 배우지 않는 기술이다. 대체로 이공계의 발표를 보면 화면에 띄워 놓고 구구절절 문장들을 설명하는 경우가 일반적이다. 가끔 논문발표를 가 봐도 그렇다. 논문발표까지는 안 가더라도 학교에서 교수들이 수업했던 방식도 이런 식이어서 그냥 그렇구나 하고 별 관심을 가지지 않았을 것이다. 이제는 나열식이 아닌 좀 더 전문가다운 발표준비를 해야 한다.

발표의 목적을 생각하라.

일반적으로 발표하면 드라마에서 나온 장면이 떠오를 것이다.

'지금 사정이 안 좋은 회사가 우여곡절 끝에 신제품을 개발한다. 온갖 모욕을 당한 후에 드디어 바이어들 앞에서 신제품을 소개하고 엄청난 호응을 얻어 기립박수를 받는다. 여세를 몰아 그 제품으로 인해 회사는 예전보다 더 성장한다.'

TV에서의 이런 모습은 당연히 발표의 최고 정점을 보여준 과장된 이야기로 일반적으로 이렇게 극적인 경우는 거의 없다. 발표하는 걸 보면 그냥 파워포인트를 띄워 놓고 단순히 읽는 경우도 많다. 본인이 청중입장이라면 어떤 느낌을 받겠는가를 생각해 보자. 시간이 지나면서 지루해지고 뭐 저런 시시콜콜한 것까지 읽지? 하면서 성의 없다고 느껴질 것이다. 발표라는 것이 남들에게 보고하는 것도 목적이지만 같이 정보를 나누는 것이다. 단순히 보고가 목적이라면 그냥 한글이나 워드에 보고서 만들어서 참석자들에게 주고 읽게 하면 된다.그러나 정보를 나눈다는 개념은 내가 했던 것을 보여주고 피

드백을 받고 이것을 통해 또 다른 아이디어를 얻기 위해서이다. 발표라는 것은 내가 의도하는 방향으로 상대방을 이해시키고 설득시키는 하나의 과정이다. 중요한 것은 일방적으로 자기 생각을 제시하는 것이 아니라 상대방과 서로 소통해서 교감을 얻어내는 것이다. 회사에서 발표할 때도 마찬가지다. 내가 준비한 자료를 통해 보고도 하지만 내 주장을 남에게 펼치기도 하는 것이다. 단지 보고냐? 아니면 내가 의도한 대로 근거자료를 제시하면서 이끌어 갈 것인가를 명확히 해야 한다.

그래프와 차트 위주로 작성하라

발표는 말을 잘해야 하는 것은 아니다. 제일 중요한 것은 말은 어눌해도 흐름이 있어야 한다. 다른 말로 하면, 이 자료에 대한 시나리오가 있어야 한다는 것이다. 그래야만 듣는 사람이 헤매지 않는다. 그러기 위해서는 당연한 소리지만 본인이 어떤 자료를 가지고 설명을 해야 할지 구상한 후에 직접 만들어야 한다. 다른 사람 것이 보기 좋다고 자료를 가져와서 바꾸는 것은 듣는 사람이 봐도 일관성이 없어 보인다. 본인이 제목부터 차례, 본문까지 쭉 만들어야 설명하는 입장에서도 그 다음 슬라이드가 어떤 내용인지를 알 수 있고 결과적으로 본인만의 시나리오가 만들어지는 것이다.

예를 들면 다음 장을 넘겼는데 어떻게 설명을 해야 할지 난감하면 안 된다는 말이다. 어떤 데이터를 넣을 것이며 그 데이터는 어떤 형식으로 전달할 것인지를 나름대로 정리해 놓아야 한다.

특하나 숫자와 데이터를 다루는 이공계생들에게는 그래프와 숫자로 발표하는 것은 필수다. 공대생답게 전공 책에서 많이 봐 온 것처럼 구구절절하게 글씨로 자기 생각을 제시하는 것보다는 그래프, 사진, 차트 등으로만 구성되

도록 의도적으로 만들어야 한다. 그리고 그래프를 보면서 의미를 풀어 발표해야 한다. 듣는 사람의 입장에서는 시각적으로 눈에 들어오는 것에 끌린다. 글자색을 변화시켜서 시각적으로 보이게 하라는 것이 아니다. 사람들은 그래프나 차트 한 장에 끌린다. 그래프로 자료를 만들고 말로 설명해야 한다. 그렇게 되면 청중들은 내 이야기에 귀를 기울이면서 그래프나 차트를 통해 확신을 갖게 된다.

또 하나는 어떤 결과는 숫자로 표현하되 될 수 있으면 표 형식으로 만들어서 슬라이드 한 장에 넣을 수 있게 해야 한다. 그리고 그 표에 대한 그래프를 넣어 표 안의 의미를 한눈에 알아볼 수 있게 비교해 줘야 한다.

발표의 최고는 비전문가에게 설명하는 것이다

살다 보면 꼭 회사 생활에서만 발표하라는 법은 없다. 그 분야에 실무를 담당하는 사람에게 대학에서 초청 강연을 의뢰하는 경우도 있다. 예를 들면 자동차 에어컨 회사에서 오랫동안 근무했던 사람에게 관련 학과에서 특강을 요청했다고 하자. 어떤 말을 어떻게 해 줘야 할까? 아무리 관련 학과라지만 1시간 동안 에어컨에 관해 전반적인 설명을 할 수 없다. 에어컨 관련 지식전달이 아닌 선배로서의 조언이 들어가야 한다. 학생들은 선배에게 에어컨의 전문지식보다는 그 분야의 흐름이나 분위기를 듣고 싶어 한다. 이럴 때도 어떻게 발표자료를 만드느냐가 관건이다. 그냥 자료를 읽고, 후배에게 하고 싶은 이야기를 글로 나열하는 식의 자료를 만들어서는 호감을 줄 수 없다.

어떻게 발표를 할까? 1시간 동안 어떻게 발표를 할까? 에어컨의 역사, 에어컨의 구성품, 에어컨 성능 구하는 방법 등등을 설명할까? 그런 설명은 아무리 열심히 해도 청중들은 잘 모른다. 그럼 어떻게 설명을 할까? 나 같으면 에어컨 구성도를 하나 두고 20여 분 설명하고, 나머지는 만약에 에어컨이 안 시원할 때는 어떤 이유에서일까 하고 사례를 설명해 줄 것이다. 그리고 미래의 에어컨에 관해 설명을 해 줄 것이다. 이 강연의 목적은 청중들에게 수업을 시키는 게 아니라 동기를 유발하는데 있다.

미국에 TED (Technology, Entertainment, Design)이라는 프로그램이 있다. 정기적으로 기술, 오락, 디자인 등과 관련된 강연회를 개최한다. 최근에는 과학에서 국제적인 이슈까지 다양한 분야와 관련된 강연회를 개최한다. 강연회에서의 강연은 20분 이내에 이루어진다. 이 강연 하나하나를 'TED TALKS'라 한다. '알릴 가치가 있는 아이디어'(Ideas worth spreading)가 모토라고 한다. 인터넷이나 스마트폰으로도 지원이 되니 접속해 보면 발표하는 방식이나 새로운 기술을 접할 수 있을 것이다. 20여분이 조금 안 되는 시간에 청중들에게 발표로 기술을 알리기란 쉽지 않다. 그리고 청중들도 그걸 이해하려고 하지 않는다. 그냥 정보만을 들을 뿐이다. 청중들은 그 속에 있는 하이테크 정보나 기술을 듣고 싶어 하지 않는다. 사실 들어도 모른다. 그 안의 정보가 아닌 그 사람의 스토리나 그 분야가 나에게 어떤 의미로 다가올지를 듣고 싶어 한다.

루틴한 생활을 습관으로 삼자

우리가 살면서 가장 반복적으로 결심하고 실패하고 또 결심하고 하는 게 뭘까? 그것은 외국어 공부와 운동이 아닐까 한다. 우선 외국어를 배울 때도 '혼자 해야지' 하다가 잘 안 되면 학원에 다니고 그러다가 시들어질 때쯤 시험을 보거나 마지막으로 외국에 나가본다. 그렇다고 외국어 실력이 갑자기 늘지 않는다. 그러면 외국어 때문에 다시 좌절하고 '다시 해야 하는데…….' 하는 마음으로 이 과정을 반복한다.

운동도 매한가지다. 운동해야 한다는 필요성을 알면서 헬스클럽에 등록하고 하루 이틀 나가다가 3, 4일을 쉰다. 3, 4일이 일주일, 열흘, 한 달이 되어 버린다. 그러면서 좌절하고 다시 각오한다. 왜 그럴까? 그것은 마음의 문제가 아니라 몸의 문제다. 몸이 그냥 알아서 반응하게 만들어 줘야 한다. 결심했으면 몸이 변심하지 않도록 일상에서 항상 같은 시간에 반복되는 일이 되도록 해야 한다. 그런데 이 루틴한 생활이라는 게 참 어려운 일이다. 회사 생활할 때는 이런 생활방식이 중요하다. 그냥 회사 분위기에 휩쓸리다가는 그냥 허송세월 보내는 경우가 많다. 그리고 신입사원일 때는 왠지 모르게 심리적으로 불안정하다. 이 불안정한 생활을 안정적으로 느끼게 하는 것도 규칙적인 생활을 하는 것이다. 심리적으로 계획을 세우고 규칙적인 생활을 하는 것은 자신에게 안정감을 준다. 가끔 찾아오는 어려움과 불안함도 이겨낼 수 있다.

식사 후 책 읽기

나는 직장에서 점심시간 하면 세계적인 문호 셰익스피어가 생각난다. 직장 다닐 때 점심시간에는 에너지 절약 차원에서 사무실 전체 전등을 껐다. 밥도 먹었겠다, 어둡겠다, 딱 잠자기 좋은 분위기다. 모두 의자에 앉아서 나름 편안한 분위기로 잠을 잤다. 나는 점심 먹고 30분은 제일 환한 자리로 가서 책을 읽었다. 그때 처음 본 책이 셰익스피어의 4대 비극이었다. 일주 이런 루틴 한 생활을 1개월 정도 하면 몸에서 점심 후 책을 읽는다는 것을 알게 된다. 점심 후 30분이지만 일주일이면 150분이니까 2시간이 넘는다. 한 달이면 적어도 8시간 정도다. 그 정도 시간이면 2, 3권의 책은 읽을 수 있다. 그리고 저녁에도 식사 후 30분 정도 도이토엡스키의 책을 읽었다. 이런 생활이 반복되면 식사시간이 끝날 때까지 다른 동료들도 내 옆에 오지 않는다. 그렇게 읽은 책이 1년이면 상당한 분량이 된다. 점심시간 한숨 잠을 자고 일을 하는 것도 나쁘지는 않지만 잠이 안 오는데 굳이 잠을 청할 필요는 없다. 이렇게 자투리 시간이라도 반복된 생활을 하는 것은 회사생활의 또 다른 즐거움을 준다. 이런 반복되는 이런 시간이 나중에는 큰 자산으로 온다.

매일 일정 시간 할애하여 운동하기

학생 때나 직장 다닐 때나 운동이라는 것은 일부러 시간을 내지 않으면 하기 어려운 것이다. 만약에 하루에 한 시간 운동한다고 생각하면 오며 가며 걸리는 시간까지 생각하면 2시간이다. 직장에 다니면서 하루에 2시간을 일정하게 빼놓는다는 것은 불가능할지도 모른다. 그래도 운동은 해야 하겠고 참 어려운 선택이 아닐 수 없다. 이때 가장 좋은 시간이 새벽 시간이다. 나는 개인적으로 수영을 선택했다. 요즘에는 수영장에 직장인들을 위한 새벽반이 있다. 회사에 가는 길목의 수영장을 하나 선택해서 등록하고 3년을 매일 다녔다. 강습이 있는 날은 강습받고 없는 날은 혼자 수영하고(수영이라는 게 혼자 하는 운동이라 나름대로 자신에게 도전의식도 생기고 좋다.) 조금 늦거나 전날 과음을 했을 때는 그냥 사우나만 해도 한결 낫다. 중요한 것은 매일 정해진 시간에 집을 나서는 것이다. 이렇게 하면 몸이 자연스럽게 그 생활에 적응한다.

이런 반복적인 생활이 중요한 점은 우선 시간 관리에 기본이 된다는 것이다. 아침부터 몸을 움직이면 멍한 상태가 아니라 깨어 있는 상태로 남들보다 훨씬 긴 하루를 보낼 수 있다. 새벽에 뭘 한다는 생각 때문에 그 전날 늦게까지 무리를 하지 않는다. 자연히 건강은 좋아지고 업무를 처리하는 것도 빠르게 할 수 있다. 무엇보다도 생동감 있게 보인다. 회사 안에서야 어차피 남들과 비슷한 생활을 하지만 피곤하다고 입에 달고 사는 생활보다는 더 생동감 있는 생활을 한다는 것은 나 자신에게나 남에게 보이는 면에서 다를 수밖에 없다. 이 모든 것의 기본은 하루하루 일정한 시간에 반복되는 일상을 몸에 배게 하는 일이다. 신입사원 때나 조금 경력이 쌓일 때나 가장 개인적으로 조절할 수 있는 편한 시간은 새벽 시간이다. 이런 새벽 시간 꾸준히 어떤 운동을 한다는 것은 몸에도 좋고 남보다 먼저 일어나서 어떤 것을 한다는 자신감도 생기니 일거양득이다.

반복은 창의성과 신념을 불러온다

어떤 일을 반복적으로 한다는 것은 깊은 몰입의 상태에 있다는 뜻이다. 반복을 창조성과는 상관없는 단순노동이라고 생각하는 사람들이 많다. 그러나 그것은 착각이다. 탁월한 창조는 끝없는 반복적 연습의 결과다. 일본의 소설가 무라카미 하루키는 매일 아침 달리기를 실천하고 있는 작가다. '달리기를 말할 때 내가 하고 싶은 이야기'라는 책을 낼 정도로 달리기를 좋아한다. 달리기하는 방법은 '그저 묵묵히 시간을 내서 뛴다.'였다. 소설도 달리기하는 것처럼 쓴다고 했다. 하루키는 상상력도 꾸준함에서 나온다고 말했고 또 그렇게 몸소 실천하고 있는 셈이다.

결국 꾸준한 반복이 가장 중요하다는 말을 하고 싶었을 것이다. 한마디로 반복해야만 창의성이 생긴다. 반복되는 사고는 신념을 만든다. '나의 꿈 나의 인생'을 쓴 나폴레옹 힐은 이렇게 말했다. "반복된 사고는 그것이 거짓이든 진실이든 결국 그 사람의 신념이 되어 버린다. 거짓말을 자주 하다 보면 언젠가 그것이 진실처럼 생각되는 경우가 있지 않은가? 사람이란 그 마음속 깊은 곳에 자기가 그리고 있는 대로의 사람이 되어가는 법이다."

직장은 아침에 나가서 저녁이나 더 늦게까지 있어야 하는 곳이다. 윗사람들은 우리 직장은 자유로운 분위기라고 우기지만 그래도 회사다. 고압적이고 권위적인 분위기는 어쩔 수 없다. 이런 생활 속에서 자신만의 창조적으로 루틴하게 생활한다면 직장생활이 즐거울 수 있다.

1만 시간의 법칙

어떤 업무나 관심 있는 일을 남보다 잘하려면 어떻게 해야 하나. 답은 제일 열심히 하는 사람보다 더 열심히 하는 것이다. 방법은 그것뿐이다. 특히나 신입사원인 경우는 반론의 여지가 없다. 우선은 시키는 일을 손에 익을 때까지 열심히 하는 것이 최선이다. 그러다 보면 자연스럽게 몸에 배고 일이 수월해지면서 아이디어가 생긴다.

어떤 일을 잘한다는 것은 재능과 연습의 결과이다

선천적인 재능에 후천적인 연습을 더 한다면 당연히 어떤 일의 성과는 빨리 나타나는 법이다. 그렇지만 앞에서 언급한 것처럼 본인의 재능은 본인이 알기가 어렵다는 것이다. 반면 연습은 다르다. 한 가지 일을 반복하고 시간을 투자하면 잘하는 것은 당연한 이치다.

회사의 업무도 그렇다. 학교 졸업 후 처음 갖는 직장과 업무에 애정을 갖고 그 일이 몸에 밸 때까지 연습해야 한다. 회사생활을 처음 하는 초년생들은 어디에 집중하고 생각하면서 일을 하기는 어려울 것이다. 단지 시키는 일에만 우선 충실할 뿐이다. 그것도 괜찮다. 우선 그 업무가 몸에 익을 때쯤 집중하고 생각해도 된다. 아직은 초년생이지만 1~2년 지나면 본격적으로 1만 시간의 원리를 생각하면서 집중하라. 그냥 하루하루를 살아가다 보면 어느새 직급은 올라가지만, 실력은 제자리임을 알게 된다. 회사의 업무를 10년 정도 되면 실무에서 보고를 받고 지시하는 관리자의 위치에 서게 된다. 당연히 실무 감각은 떨어진다. 관리자의 위치에 올라가기 전까지 밖에 시간이 없다고 생각하고 실력을 쌓아야 한다. 실무에서 실력을 쌓아야지만 관리자가 되었을 때 아래 직원들을 통솔할 수 있는 명분이 된다. 또 그것을 가지고 사회에 나와서 본인의 일을 할 수도 있다.

1만 시간은 결코 작은 시간이 아니다

1만 시간을 단순히 산술적으로 계산하더라도 하루에 3시간씩 10년을 해야 채워지는 시간이다. 여기서 중요한 것은 그냥 시간을 보내는 것이 아니라 한 가지 일을 열심히 3시간 한다는 것이다. 적지 않은 시간이다. 하루에 3시간이라는 것 보다는 그 집중력을 10년 이상 유지한다는 것은 더 어려운 일이다. 한 분야의 전문가가 많지 않은 이유가 바로 이 때문이다. 나는 소음 진동이라는 업무를 직장에서만 13년을 했다. 첫 번째 직장에서 불모의 분야를 5년 동안 일궈 놨고 의도적으로 같은 업무를 할 수 있는 두 번째 직장으로 옮겨서 일했다. 중도에 부침이 없는 건 아니었지만 그래도 끝까지 이 분야를 놓지 않고 관심을 두고 노력한 것이 이 자리까지 온 것이다. 첫 직장에서는 아무도 모르는 이 분야를 거의 독학으로 공부해서 실력을 쌓았고 두 번째 직장을 퇴사할 때는 어느 정도 이 분야에 완숙기에 접어들었다. 물론 사회에서는 나보다 잘하는 사람은 많지만 나도 지금은 이 분야에서는 전문가라는 소리를 듣는다. 회사 생활을 하면서 3시간이라는 시간을 확보하는 건 쉽지 않다. 회의에 업무에 치이다 보면 집중 할 수 있는 시간이 예상외로 적다. 10년이 더 걸리더라도 1만 시간이라는 것을 염두에 두고 노력해보기를 바란다. 처음에는 어렵겠지만 그 일이 손에 익을 때쯤은 실력이 금방금방 늘어나는 것을 실감할 것이다.

어떤 분야에 1만 시간을 투자할 것인가

회사를 가면 자기의 업무가 있다. 이공계를 나오면 일반적으로 기술 관련 업무에 배치된다. 회사에 따라 다르겠지만 일반적으로 제품을 고안하고 설계하는 설계 부분, 설계된 제품이 제대로 만들어졌는지를 검증해 보는 실험 부분, 만들어진 물건이 판매 후에 시장에서 어떤 문제가 발생하는지를 알아보고 해결하는 품질 부분, 제품을 만드는데 필요한 설비를 설계하고 원만하게 만들어지는 것을 도와주는 생산기술 부분, 마지막으로 실제 제품을 만들어 내는 생산 부분 같은 세부업무로 나뉜다. 이런 세부 업무를 하면서 항상 염두에 둬야 할 것이 있다. 본인이 업무에 1만 시간을 투자하는 것이 나중에 본인에게 어떤 의미로 다가올지를 생각해 둬야 한다. 예를 들면 내가 그 부분에서 전문가가 되겠다는 목표나 1만 시간 투자 후 내 사업을 하겠다는 식의 생각을 해야 한다. 나중에 본인 사업을 한다는 것이 목표면 처음부터 업무를 잘 선택해야 한다. 이 업무가 나중에 내가 사업을 하는데 직접적인 도움이 돼야 함은 물론이다. 한 회사에서 그 일을 10년 할 수 있는 분야를 찾던지 정 안 되면 다른 회사로 이직을 해서라도 본인이 원하는 분야를 찾아야 한다. 이 일을 하다가 이직을 해서 그 전과 다른 일을 하는 것은 바람직하지 않다. 회사를 옮는 것도 일종의 버릇이 된다. 좀 힘들면 옮길까 하는 마음이 앞선다. 월급을 많이 준다고 회사를 떠나 다른 직군의 일을 하는 것도 1만 시간을 못 채우는 지름길이다. 1만 시간을 투자할 업무를 찾고 그것을 위해 노력해야 한다. 그리고 회사를 옮기더라도 비슷한 일을 하는 곳으로 옮겨야 한다.

미래에 산업과 연결하라

    우리는 2016년 인간이 이겼으면 하는 바람으로 '알파고'라고 알려진 구글 딥마인드의 바둑 AI와 한국 바둑기사 이세돌 9단과의 대국을 텔레비전으로 봤다. 결과는 알파고가 5전을 벌여 4승 1패로 압승을 거뒀다. 바둑 AI는 이어 한 · 중 · 일 초일류 프로기사와의 온라인 대국에서 60경기 전 경기에서 이겼다. 왜 하필 AI는 바둑을 선택했을까? 그것은 바둑의 돌을 놓는 경우의 수가 무한하기 때문이었다. 바둑의 경우의 수는 아직 명확하지 않다. 구글은 바둑에 대한 경우의 수가 250의 150승이라 했고, 누구는 10의 360승이라고도 한다. 150승, 360승이던지 간에 쉽게 계산도 안 되지만 어떤 경우든 우주 전체의 원자 숫자보다 더 많은 조합과 배열이 가능하다는 의미가 된다. 어쨌든 수십 차례에 걸친 인간과의 대국에서 알파고가 보여준 수는 대부분 인간의 이해를 넘어선 것이었다. 해설하는 사람조차 이상하다고 생각한 한수 한수, 인간의 관점에서 악수로 보였던 알파고의 한 수가 결국에는 절묘한 신의 한 수가 된 것이다. 이제 AI 라는 분야는 다가올 시대의 대세가 되는 분위기다. 인공지능에 몇 년 전부터 한참 열을 올리는 3D 프린팅 기술까지 합세한다면 미래는 어떻게 변할지 예측하기 힘들다.

내 직업이 사양산업이 될 수 있다

드론이라는 장난감이 있다. 장난감이라고 한 이유는 내가 드론이라는 것을 처음 본 것은 학교운동장에서 초등학생들이 날리는 것을 봤기 때문이다. 그러나 지금은 다르다. 드론이 생김으로써 많은 직업이 사라져 가고 있다. 산불감시원, 지도를 만드는 사람들이 먼저 사라졌고, 텔레비전에서 하늘에서 드론으로 촬영하는 기술이 도입된 것을 보면 모르긴 몰라도 그 분야에서 일하는 카메라 관련 직업이 줄어들었을 것이다. 앞으로는 드론을 이용한 우범 지역 자율순찰 기술도 개발된다고 하니 경찰관도 줄어들지도 모를 일이다. 드론을 이용한 택배가 활성화되면 택배 시장도 일자리가 줄어들 것이다. 이렇듯 기술은 한 번 개발되기 시작하면 걷잡을 수가 없다. 어떤 분야로 파급효과를 미칠지는 한순간이라는 뜻이다.

향후 10년간 없어질 직업군도 발표되고 있다. 뉴스를 보면 그중에 맞는 일자리 감소율이 높은 분야는 우선 금융, 보험업이 1순위도, 화학 재료 같은 분야가 2순위다. 그다음이 기계 분야고 다음이 농업 분야라고 한다. 이런 것은 빅데이터라는 흐름 때문이다. 기존의 자료를 수집해서 다음의 경향을 알아내는 것이 빅데이터라고 한다. 이런 빅데이터는 통계가 중요한 금융업과 화학, 재료 분야가 가장 먼저 타격을 받으리라는 것은 조금만 생각하면 알 수 있다. 지금 본인이 회사에 들어왔다고 방심해서는 안 된다는 것이다. 물론 지금 있는 위치에서 기술을 배우기 위해서 열심히 해야겠지만, 그에 못지않게 기술의 동향을 살펴보는 것도 중요하다. 무작정 열심히 하는 것은 지금의 흐름과 맞지 않는 패러다임이다.

물론 전문가의 예상대로 지금의 산업이 한 번에 사라지지는 않는다. 천천히 없어질 것이다. 전기자동차의 예를 보면 몇 년 전부터 전기자동차로 바뀌는 추세이긴 하지만 아직도 화석연료로 가는 자동차가 주를 이룬다. 모르긴 몰라도 석유라는 것이 고갈될 때까지는 한 동안 계속될 것이다. 갑자기 바뀌지 않는 이유 중 하나는 기존의 기반산업을 무시할 수는 없다. 기존의 기술에서 고용하고 있는 인원을 한 번에 없애 버릴 수는 없다. 그렇지만 확실한 것은 천천히 전기자동차로 바뀌리라는 것을 일반 사람들도 다 생각을 하고 있다.

비슷한 예로는 기존의 전구보다 월등히 에너지 효율이나 밝기 면에서 우수한 LED가 나온 지 한참이 됐는데 신호등 전구를 100% LED로 바꾸지 못하는 이유도 그중 하나다. 한 번에 바꾸지는 못한다. 천천히 흐름을 따라갈 뿐이다. 몇 년 안에 급격히 변하지는 않는다. 그렇다고 넋 놓고 있어서는 10여 년이 지나고 나면 애매한 위치가 되어버린다. '내가 직장 다닐 때는 괜찮겠지.' 하는 느긋한 생각은 버려야 한다. 지속적으로 관심을 가져야 한다. 점점 더 사라질 사양 직업군에서 내가 일을 포함되지 않는지에 대해 관심을 가져야 한다.

관심을 두는 방법

이런 흐름에 관심을 가져야 하는 이유는 우리에게 그 분야로 옮길 기회가 왔을 때 흐름을 타고자 하는 것이다. 또 현재 일과 지금 뜨는 소위 4차산업이라는 것과 연결고리를 만들어야 한다. 피터 드러커가 말한 여섯 번째를 다시 생각해 보면, '지식 그 자체는 끊임없이 쓸모없어진다 하더라도 기능 자체의 원리는 쉽사리 변하지 않는다.' 기능 자체는 변하지 않으므로 고민하면 연결고리를 분명히 만들 수 있을 것이다.

우선 5년을 주기로 어떤 분야를 공부할 것 인가를 고민해 봐야 한다. 지금 내가 하는 업무에 어떤 것을 더하면 더 정교해질까 라는 질문을 하고 분야를 선택해야 한다. 물론 지금의 업무의 연장선이어야 한다. 적어도 지금과 하고 있는 일과 비슷한 영역에 있어야 한다.

나중에 두 개를 연결 지을 수 있느냐 없느냐가 핵심이다. 그런 노력은 자연히 현재 대세인 기술의 흐름을 따라갈 것이다. 지금은 회사에서 열심히 할 시기다. 거기에 더해서 항상 주의 깊게 흐름을 바라봐야 한다. 여기서 반드시 알아야 할 것은 먼 미래를 준비한다고 지금을 소홀히 해서는 안 된다는 것이다. 본인이 지금 하고 있는 분야를 더 깊숙이 알아가면서 그 분야에서 가지를 쳐서 나가야 한다. 직업을 통째로 바꾸려는 생각은 금물이다. 기능 자체는 변하지 않는다. 지금 배우고 있는 업무가 가장 중요하다. 그리고 미래의 다가올 산업과 연결 짓는 것이다.